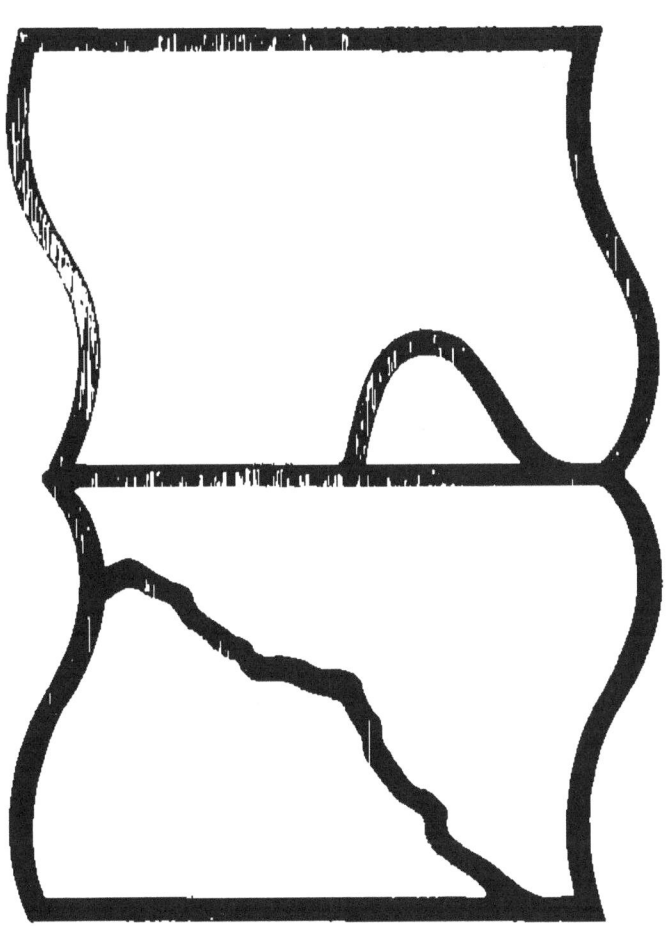

Texte détérioré — reliure défectueuse

NF Z 43 120 11

ŒUVRES

DE MONSIEUR

DE SAINT-EVREMOND,

TOME CINQUIÉME.

ŒUVRES
DE MONSIEUR
DE SAINT-EVREMOND,
AVEC
LA VIE DE L'AUTEUR,

Par Monsieur DES MAIZEAUX Membre de la Société Royale.

NOUVELLE EDITION.

TOME CINQUIE'ME.

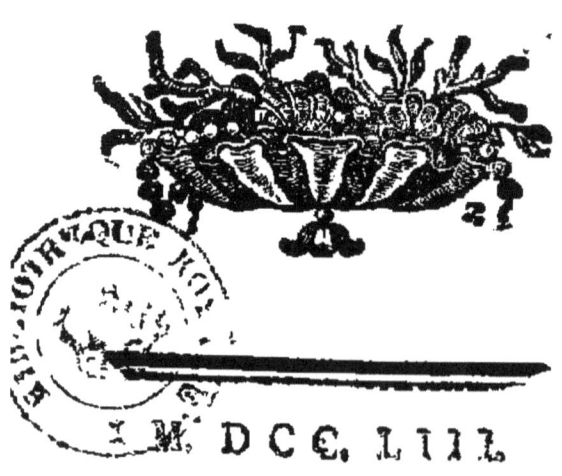

M. DCC. LIII.

TABLE
DES PIECES
DU TOME CINQUIÊME.

Lettre à Madame la Duchesse Mazarin, inconsolable sur la mort de son Amant. *page* 1
A la même, sur la résolution qu'elle avoit prise de quitter l'Angleterre. 8
A la même, sur le même sujet. 12
A la même. *Vous avez un mérite extrême, &c.* 15
Observations sur le goût & le discernement des François. 17
Lettre à Madame la Duchesse Mazarin. 24
Lettre à Monsieur ***, qui ne pouvoit souffrir l'amour de M. le Comte de Saint-Albans à son âge. 30
Sur l'absence de Madame la Duchesse Mazarin, le jour de la naissance de la Reine. 32

TABLE

A Madame la Duchesse Mazarin. *Noires Ondes du Styx , &c.* *page* 34

Lettre à Madame Harvey. 36

Epitre à Madame la Duchesse Mazarin. *Après mes services passés.* 39

A la même. *Avec humble révérence.* 44

Oraison funebre de Madame la Duchesse Mazarin. 48

A Madame la Duchesse Mazarin. *Duchesse en tous lieux adorable, &c.* 69

Parodie d'une Scéne de l'Opera de Rolland, sur les Joueurs & Joueuses de Bassette de la Banque de Madame Mazarin. 73

Lettre au jeune Dery. 78

Sur la Retraite de M. le Prince de Condé à Chantilly. *Stances.* 80

A Madame la Duchesse Mazarin. *Nous serions consumés du feu de vos regards, &c.* 81

Réflexions sur la Religion. 83

DES PIECES.

Que la dévotion est le dernier de nos amours. *page* 88
Lettre à une Dame galante, qui vouloit devenir dévote. 92
Discours. *Que d'ennuis, de chagrins accompagnent la vie!* 97
Dialogue entre Monsieur de Saint-Evremond & Madame la Duchesse Mazarin. 102
Sur la mort de Charles II. *Stances.* 105
Sur les Poëmes des Anciens. 109
Du merveilleux qui se trouve dans les Poëmes des Anciens. 120
Lettre à Monsieur le Maréchal de Créquy. 127
Sur le Gouvernement de Jacques II. *Stances.* 128
Sur le jour de la naissance de la Reine. *Stances.* 131
Compliment de Madame la Duchesse Mazarin à la Reine. 133
Eclaircissement sur ce qu'on a dit de la Musique des Italiens. 134

TABLE

A Mademoiselle de l'Enclos. Sonnet. *Passer quelques heures à lire, &c.* page 136

Sur les vaines occupations des Savans & des Controversistes. *Stances.* 137

Sur la mort de M. le Prince, & sur son Catafalque. *Stances.* 142

A Madame la Duchesse Mazarin. *Horace amoureux de son bois, &c.* 145

A la même. *Quand je songe au respect que j'eus toujours pour vous, &c.* 147

Dialogue entre M. de Saint-Evremond & Morin. 149

A M. Lulli. *A Lulli seul le monde est redevable, &c.* 156

Lettre à Madame la Duchesse Mazarin. 158

Sur la verdure que l'on met aux cheminées en Angleterre. 161

Dialogue sur l'absence de Madame Mazarin, qui étoit partie de Wind-

DES PIECES.

for pour aller à Londres avec M. de Bonrepaux. *page* 162
Sur la Morale d'Epicure. 168
A Madame la Ducheſſe Mazarin. *Le Philoſophe étoit jadis heureux.* 178
De la Retraite. 184
Entretien de deux Dames avec une Religieuſe mal ſatisfaite de ſa condition. 196
Lettre de Monſieur de la Fontaine à Monſieur de Bonrepaux. 201
Lettre de Monſieur de la Fontaine à Madame la Ducheſſe de Bouillon. 210
Réponſe de Monſieur de Saint-Evremond à la Lettre de Monſieur de la Fontaine à Madame la Ducheſſe de Bouillon. 219
Réponſe de M. de la Fontaine à M. de Saint-Evremond. 227
Sur la mort de M. de Créquy. 236
Lettre à Monſieur ***. 237
Les Nôces d'Iſabelle. *Scéne en Muſique.* 238

TABLE

A Madame la Duchesse de Bouillon, sur son départ d'Angleterre. *page* 243

Jugement sur les trois Relations de Siam, & sur le Livre de Confucius. 246

Lettre à M. Justel. 249

A M. le Comte de Grammont. *A ce fâcheux événement, &c.* 251

Lettre à Madame la Duchesse Mazarin. 253

Le pouvoir des charmes de Madame la Duchesse Mazarin. *Demandez-vous à quel usage, &c.* 257

Lettre à M. de la Bastide. 260

A Madame la Duchesse Mazarin. *C'est un service bien douteux, &c.* 262

Sur un Portrait de Saint Antoine, fait par Gerard. *Il est bien beau, ce Moine frais tondu, &c.* 264

Eloge de M. de Turenne. 265

Paralelle de M. le Prince & de M. de Turenne, sur ce qui regarde la Guerre. 278

DES PIECES.

Lettre à Madame la Duchesse Mazarin. *page* 283
A Madame la Duchesse Mazarin. *Stances.* 286
A la même pour Etrennes le premier jour de l'An. *La Nature inexorable, &c.* 292
Lettre à Monsieur ***, sous le nom de Madame Mazarin. 293
A Madame la Duchesse Mazarin. *Vous qui pensez que la Nature, &c.* 297
Sur le commencement de la Guerre de 1689. 299
Lettre à Madame la Duchesse Mazarin. 301
A Monsieur le Marquis de Miremont. Stances. *Illustre & nouveau Machabée, &c.* 306
Au même. Stances. *Miremont, qui savez combattre, &c.* 307
A Caliste. *Sœur Therese l'illuminée.* 308
Lettre à Madame la Duchesse Mazarin. 310

TABLE DES PIECES.

A M. Villiers. *Bannissons toute viande noire, &c.* page 313

Au même. *Romains, nos Huîtres feroient honte, &c.* 315

Scéne de Bassette. 316

Au Roi, sur sa blessure. Stances. *Mars, ce Dieu renommé qui préside aux allarmes.* 321

Sur le passage de la Boyne. Stances. *Animé de l'ardeur d'un généreux courage, &c.* 324

Dialogue entre Monsieur de Saint-Evremond, Madame Mazarin & Mademoiselle Beverweert. 326

A Madame la Duchesse Mazarin. *Après tant de soins assidus, &c.* 328

Fin de la Table des Piéces du Tome cinquiéme.

ŒUVRES

ŒUVRES
DE MONSIEUR
DE SAINT-EVREMOND.

LETTRE
A MADAME LA DUCHESSE
MAZARIN,

Inconsolable sur la mort de son Amant (1).

N m'a dit comme une chose assûrée que vous quittriez l'Angleterre, incertaine encore du séjour que vous choisirez, mais toute résolue à sortir du pays où vous

(1) M. de Baniere, tué en duel par le Prince Philippe de Savoye. Voyez la VIE de M. de Saint-Evremond, sur l'année 1683.

devriez demeurer. Ah ! Madame, à quoi penſez-vous ? Qu'allez-vous faire ? Vous allez donner à vos ennemis des raiſons invincibles contre vous, & ôter à vos amis tout moyen de vous ſervir. Vous allez réveiller par cette nouvelle courſe, la faute aſſoupie de toutes les autres ; vous allez ruiner tous les intérêts que vous avez, & que vous pourrez avoir en votre vie. Mais comment ſe montrer, dites-vous, après l'étrange malheur qui vient d'arriver ? Mais comment ſe cacher, vous répondrai-je, à moins que de vouloir faire un crime d'un ſimple malheur ? Il eſt certain que notre méchant procédé tourne en fautes les infortunes. Vous l'éprouverez, Madame : ſi l'obſcurité de votre retraite eſt continuée plus long-temps, chacun vous fera les reproches que vous paroiſſez vous faire, & vous ſerez condamnée par mille gens qui ſont préſentement dans la diſpoſition de vous plaindre.

Mais que vous eſt-il arrivé, Madame, qui n'arrive aſſez communément ? Je pourrois vous alleguer des beautés modernes, qui ont ſouffert la perte de leurs amans avec des regrets fort modérés, ſi je ne gardois pour vous un plus grand exemple. Héléne, moins belle que vous, & après vous la plus belle qu'ait vû le monde : Héléne a fait battre dix ans durant les Dieux & les Hommes, plus glorieuſe de ce qu'on faiſoit pour elle, que honteuſe de ce qu'elle avoit fait. Voilà, Madame, les Héroïnes qu'il faut imiter; non pas les Didons & les Thiſbés, ces miſerables qui ont deshonoré l'amour par l'extravagance déſeſpérée de leur paſſion. Mais que penſez-vous faire par vos regrets ? Pleurer un mort, n'eſt pas pleurer un amant. Votre amant n'eſt plus que le triſte ouvrage de votre imagination : c'eſt être amoureuſe de votre idée ; & l'amante d'Alexandre (1) eſt auſſi excuſable dans ſa viſion, que vous dans la vôtre, puiſqu'un homme mort aujourd'hui, n'a pas plus de part au monde que ce conquerant.

Votre amant eſt enſeveli,
Et dans les noirs flots de l'oubli,
Où la Parque l'a fait deſcendre
Il ne ſait rien de votre ennui ;
Et ne fut-il mort qu'aujourd'hui,
Puiſqu'il n'eſt plus qu'os & que cendre ;
Il eſt auſſi mort qu'Alexandre,
Et vous touche auſſi peu que lui (2).

C'eſt donc vous qui faites le ſujet de vos larmes ; vous, qui trop fidéle à vos

---

(1) Voyez les VISIONNAIRES de Des Marets.
(2) Parodie de l'ODE de Théophile à M. de L. ſur la mort de ſon pere.

douleurs, tâchez vainement de rétablir ce que la nature à sû détruire.

Quittez de ce trépas l'inutile entretien;
Abandonnez un deuil si fatal à vos charmes;
Celui que vous pleurez aujourd'hui n'est plus
   rien,
Et c'est vous qui formez le sujet de vos larmes.
Votre ame, d'un amas de lugubres esprits,
Compose un vain objet dont elle est possédée ;
Elle retrace en soi les traits qu'elle a chéris,
Et prête à sa douleur une funeste idée.

Je vous dis les meilleures raisons du monde en prose & en vers : mais plus je prens de peine à vous consoler, & plus je vous trouve inconsolable. Depuis Artemise, & Madame de Montmorenci, fameuses en regrets, & célébres toutes deux par leurs mausolées, on n'a point vû d'affliction pareille à la vôtre. Il est vrai qu'elle vous a été comme ordonnée par l'intendante de vos déplaisirs (1). Il n'y a pas de moment que la Doloride (2), cette apparition assidue, ne s'approche de

(1) Madame de Ruz, que M. Mazarin avoit envoyé à Londres avec quelques jeunes Dévotes, pour engager Madame Mazarin à se retirer dans un Couvent, comme on l'a remarqué dans la VIE de M. de Saint-Evremond, sur l'année 1683.
(2) Voyez l'HISTOIRE DE DOM QUICHOTTE, seconde Partie, Chap. 36 & suiv.

votre oreille, pour vous dire des nouvelles de l'autre monde : il n'y a point de secret qu'elle n'employe pour entretenir dans votre ame l'amour des morts & la haine des vivans. Tantôt c'est un air triste & désolé ; tantôt un discours funeste ; quelquefois pour la varieté de la mélancolie, un chant lamentable. JERUSALEM, Monsieur Dery (1), JERUSALEM ! Monsieur Dery obéit ; & des LEÇONS DE TENEBRES (2) instituées dans l'Eglise pour nous faire pleurer la mort du Seigneur, sont chantées douloureusement à sa naissance, quand la même Eglise nous ordonne de nous réjouir.

Que si l'on remarquoit en vous une petite apparence de retour à la gaïeté ; si vous aviez la moindre saillie de joie par une impulsion de la nature, qui eût échappé aux ordres de la *Doloride*, aussi-tôt un regard sévere vous fait rentrer dans le devoir de votre deuil ; & tant de talens d'ennui & de langueur sont employés à vous inspirer le dégoût du monde, que si on avoit ces tristes soins & cette noire

---

(1) Page de Madame Mazarin.

(2) Dans l'Eglise Romaine, on apelle *Ténèbres* les Matines qui se chantent l'après-dînée des Fêtes majeures de la Semaine Sainte. Les *Leçons de Ténèbres* sont tirées des Lamentations de Jérémie sur les malheurs de Jerusalem, qu'on chante sur des tons plaintifs, le Jeudi Saint, & qui finissent par ces paroles, *Jerusalem, Jerusalem, convertere ad Dominum*, &c.

application avec Monſieur Talbot, je ne doute point que l'on ne pût faire en quinze jours un bon Hermite, du plus enjoué de tous les hommes. Qu'on ne s'étonne donc pas que la Doloride ait réuſſi dans les machines d'une déſolation étudiée : l'étonnement doit être que vous ayez conſervé l'eſprit qui vous reſte. Il vous en reſte, Madame, malgré le deſſein qu'on avoit de vous le faire perdre entiérement, afin de diſpoſer de vous avec plus de facilité à votre ruine : mais avec cela, ne trouvez pas mauvais que je vous faſſe voir la différence qu'il y a de vous à vousmême.

Qu'auroit dit autrefois cette Madame Mazarin, que nous avons connue ſpirituelle & pénétrante ? qu'auroit dit notre Madame Mazarin, ſi elle avoit vû un petit troupeau religieux paſſer la mer pour établir ſa ſainteté vagabonde chez une perſonne de qualité ? Et que n'auroit-elle pas dit de l'Hoſpitaliere qui auroit logé ces bonnes Sœurs ? Qu'auroit dit Madame Mazarin, ſi elle avoit vû la Révérende Mere Supérieure, partager ſon temps, entre les exercices de piété, & ſes leçons amoureuſes ; entre la ferveur de la priere, & l'avidité de la Guinée ; entre les fraudes pieuſes de la Religion, & les tromperies à la Baſſette ? Qu'auroit-elle dit, si elle avoit vû ces jeunes plantes, qui avoient besoin d'être arrosées, porter miraculeusement un fruit avancé par la bénédiction particuliere de cette maison ? Venez, petite Marote (1), proselyte de leurs saintetés : venez nous apprendre quelque chose du mystere où vous étes initiée : montrez-vous, Marote, & faites voir au public un plein effet de leurs salutaires instructions. L'affaire est trop sérieuse & trop pressante pour railler long-temps.

Au nom de DIEU, Madame, ce nom dont abusent les hypocrites, qui au jugement de Bacon sont les grands Athées : au nom de Dieu, défaites-vous d'un commerce contagieux de méchanceté & de sottise. A peine en serez-vous délivrée, que vous reprendrez toute votre intelligence, & que vous retrouverez votre premiere réputation. Songez solidement à vos intérêts, & sagement à votre repos. C'est toute la grace que je vous demande. Rendez-vous heureuse, & vous ferez plus pour moi que vous ne sauriez faire pour un amant, quelque précieuses que soient vos faveurs.

(1) Une des jeunes Dévotes qui étoient venues avec Madame de Rut, & celle qui portoit le fruit avancé.

A LA MESME.

Sur la résolution qu'elle avoit prise de quitter l'Angleterre.

JE me donne l'honneur de vous écrire, Madame, moins dans la créance de regagner vos bonnes graces, que pour avoir la satisfaction de vous dire la plus grande vérité du monde ; c'est, Madame, que vous n'avez jamais eu, & n'aurez jamais de serviteur si fidéle que je l'ai été, & que je le serai toujours. Il est vrai que cette fidélité ne s'attachoit qu'à vos intérêts. Laissant aux autres pour flater vos fantaisies, la complaisance qu'ils ont aujourd'hui pour entretenir vos douleurs. Je regardois ce qui vous convenoit pour votre bien, & m'opposois à ce qui vous plaisoit malheureusement pour vous perdre. Après une si juste assûrance de mon zéle, je vous dirai que vous n'avez rien à craindre en Angleterre que ceux qui vous en dégoûtent : & plût à Dieu que vous fussiez aussi-bien persuadée de l'honnêteté des Anglois, qu'ils sont prêts à vous en donner des marques en toute occasion ! Montrez-vous, Madame : vous ne pouvez rien faire de si désavantageux pour vous, que de vous cacher: mais en vous rendant accessible, laissez-nous un autre chemin pour aller à vous, que cet appartement maudit (1), plus propre à évoquer l'ame de Samuel, qu'à conduire dans la chambre de Madame Mazarin. Si tout cet appareil est de l'ordonnance d'Arcabonne (2), il faut prier Dieu qu'il nous garantisse de l'enchantement. Si la noirceur de cette mélancolie est de votre propre humeur; si vous ne songez qu'à vous nuire; si toute votre application est de vous donner du tourment, apprenez, Madame, que la premiere cruauté c'est d'être cruel à soi-même: qui ne se pardonne point, ne mérite pas que les autres lui pardonnent; il leur enseigne la sévérité & la rigueur. Venons un peu à la chose, je me lasse de tant de discours généraux.

Posez que Monsieur votre neveu (3) perde ses Bénéfices, je ne désavoue point que cela ne soit fâcheux: mais vous avez perdu de plus grands biens, & vous vous en êtes consolée. Un homme qui paroissoit avoir de l'amour pour vous a été

_____

(1) Voyez la VIE de M. de Saint-Evremond, sur l'année 1685.

(2) Fameuse Magicienne, sœur de l'Enchanteur Ar-calaüs, dans AMADIS DE GAULE.

(3) Le Prince Philippe de Savoye.

tué ; c'est une chose assez malheureuse : mais il n'y a rien de fort extraordinaire en cette avanture, que votre douleur : les amoureux sont mortels comme les autres : faites qu'aimer soit un privilége pour ne mourir pas, les Dames seront accablées d'amans ; il n'y en aura pas moins qu'il y a d'hommes. Je sai qu'il est honnête de s'affliger de la perte de ceux qui nous aiment ; mais d'appeller au secours de notre deuil ce qu'il y a de plus funeste, & de prendre par là des résolutions ruineuses, c'est ce que les morts n'exigent point de nous.

Permettez-moi de vous faire un reproche assez honteux, mais nécessaire, pour vous animer à sortir de l'abattement où vous êtes. Dans les temps de prospérité je ne vois personne si Philosophe que vous : vous êtes plus grave dans vos discours que Plutarque ; vous dites plus de sentences que Sénéque ; vous faites plus de réfléxions que Montagne. Au moindre accident, au moindre embarras qui vous survient, tout conseil vous abandonne, vous renoncez à votre raison, pour vous livrer à des gens qui n'en ont point, ou qui font leur intérêt de votre perte. C'est trop, c'est trop, Madame, que de donner deux fois la même Comédie dans une famille. Et pourquoi vous êtes-vous tant étonnée que Madame la Connétable ait quitté Turin, où elle n'avoit que la protection de Monsieur le Duc de Savoye séche & nue ? Pourquoi vous en êtes-vous tant étonnée, si vous êtes capable aujourd'hui de quitter celle du Roi d'Angleterre, aussi assûrée par sa puissance, que solide par ses bienfaits ?

Malgré toutes mes raisons, si nettes & si fortes, j'ai peur que vous n'ayiez les yeux fermés à vos intéréts ; malheureuse de ne pas voir en Angleterre ce qui vous convient, plus malheureuse de ne voir que trop ce qui vous convenoit quand vous en serez sortie ! Les lumieres vous reviendront quand vous aurez perdu les moyens de vous en servir. Tant que vous serez en ce Royaume, à la Ville, à la campagne, en quelque lieu que ce soit, vous pouvez raccommoder vos affaires, toutes gâtées qu'elles sont : après l'embarquement, nulle ressource. Il faut aller en des lieux où vous ne trouverez ni satisfaction, ni intérêt, où vous trouverez vos imaginations trompées ; où vous trouverez pour vous tourmenter le sentiment d'une misere présente, & le souvenir d'une félicité passée.

Vous n'aimez pas les exemples, Madame, mais je n'aurai nul égard à votre aversion ; pour vous dire que la Reine de

Bohême (1) au sortir de l'Angleterre a traîné une nécessité vagabonde de nation en nation, & que Marie de Médicis, mere & belle-mere de trois grands Rois (2), est allé mourir de faim à Cologne. Je vous regarde, Madame, les larmes aux yeux, comme une personne sacrifiée, si vous n'avez pas la force de vous sauver du sacrifice. Faites autant pour vous, qu'a fait Racine pour Iphigénie : mettez une Epitaphe en votre place ; & venez réjouir les honnêtes gens de votre salut & de sa perte.

A LA MESME.

Sur le meme sujet.

VOus ne doutez pas, Madame, que je ne sois sensiblement touché de vous voir quitter l'Angleterre ; mais je serois au désespoir, si c'étoit pour aller trouver les Princes Allemands, ou les Grands d'Espagne. Rien n'est plus naturel pour vous que le séjour de France : je ne demanderois ni un meilleur air,

---

(1) Elisabeth Stuart, fille de Jacques I.
(2) Mere de Louis XIII.
belle-mere de Philippe IV. Roi d'Espagne, & de Charles I. Roi d'Angleterre.

ni un plus beau pays. L'Angleterre pourtant ne laisse pas d'avoir ses commodités : beaucoup de guinées, avec la liberté d'en jouir à sa fantaisie.

Je ne puis continuer cette sorte de discours. Pour amuser ma douleur, toute diversion m'est nécessaire ; mais l'usage en est bien difficile, quand je songe que je ne vous verrai jamais. Je vous regarde comme une personne morte à mon égard : toutes vos bonnes qualités s'offrent à moi pour m'affliger, & je ne saurois envisager aucun défaut qui me console. Plût à Dieu que vous m'eussiez laissé quelque sujet de plainte plus piquant que l'abandonnement à mon peu de mérite ! Un juste ressentiment de quelque injure m'animeroit contre vous ; mais votre mépris m'oblige à me faire une justice fâcheuse, & ne me laisse rien à vous reprocher. Ma Lettre me servira d'adieu, s'il vous plaît ; car je n'aurai pas la force de vous le dire, & je pleurerai dans ma chambre, comme je fais déja, pour m'épargner la honte à mon âge de répandre des larmes en public. Souvenez-vous quelquefois d'un ancien serviteur. Je crains pourtant ce que je demande ; car vous ne vous en souviendrez que dans la vérité de mes prédictions, & j'aime beaucoup mieux qu'elles soient fausses & être oublié.

Pour vous, Madame, vous ne ferez jamais oubliée des perfonnes qui ont eu l'honneur de vous connoître. Ceux que vous croyez les moins difpofés à vous plaindre, ne vous pardonnent point la réfolution que vous avez prife de nous quitter. Vous n'avez d'ennemis qu'en vous; & autour de vous de triftes idées, un attirail de mélancolie & d'ennui. Qui verroit dans votre tête, comme on peut voir fur votre vifage, on trouveroit votre cervelle toute noircie des MORTS de la Trape (1), & de vos autres imaginations funeftes. Adieu, Madame; le feul difcours de votre affliction feroit la mienne, fi elle n'étoit pas toute formée. Devinez ma douleur & mon zéle; il n'eft pas en mon pouvoir de vous l'exprimer.

Il y a long-temps que je ne me mêle pas de vous donner des confeils: le dernier eft de vous accommoder avec Monfieur Mazarin, pour peu de fûreté que vous y trouviez. S'il n'y en a aucune, revenez en Angleterre demeurer quelque temps à la campagne. Je fuis perfuadé que le Roi ne vous abandonnera pas, & vous trouverez plus de gens difpofés à vous fervir que vous ne croyez. Pour les Couvens, on y eft malheureux, à

---

(1) On a publié la VIE de quelques perfonnes qui font mortes à la Trape en odeur de fainteté.

moins que de devenir imbécille. Souffrir pour souffrir, il vaut mieux pour une femme mariée que ce soit avec son mari, qu'avec une Supérieure : il y a plus d'honneur & de vertu. Défaites-vous le plûtôt qu'il vous sera possible, des noires fantaisies nées de la rate, où l'imagination même n'a point de part.

A LA MESME.

Vous avez un mérite extrême,
Gloire du temps présent, honte des temps passés,
On ne sauroit vous admirer assez
Quand on vous voit purement en vous-même.
Quelquefois par ennui vous quittez vos vertus,
Et votre esprit alors, incertain & confus,
Voudroit bien se donner les qualités des autres :
Mais, hélas ! pensez-vous que des gens délicats
Accoûtumés au goût des vôtres,
Puissent jamais les perdre, & ne se plaindre pas ?
Rendez-nous, rendez-nous vos charmes,
C'est un bien acheté par le prix de nos larmes,
Tout celui qu'on remarque en vous
Est du fond de votre nature ;
Pour ces dévots soupirs qui s'expliquent à nous,
Ce sont des mouvemens formés par avanture,

Qu'un dégoût léger fait venir,
Qu'un peu de raison fait finir.
Elevez-vous à Dieu par votre intelligence ;
Admirez sa grandeur, révérez sa puissance :
Quand vous y mêlerez vos tendres sentimens,
Au lieu que votre esprit doit adorer sans cesse
De son ordre éternel la profonde sagesse,
Votre cœur le prendra pour un de vos amans.
    Cette humeur triste & délicate,
    Qui vous afflige & qui vous flate,
    Est un faux mouvement du cœur
    Où la rate joint sa vapeur.
Telle on vous voit qu'on voyoit Alexandre,
Egal aux Dieux, plus grand que tout Mortel,
    Aux heures qu'on le pouvoit prendre
    Dans son propre & vrai naturel.
Défendez-vous d'une chose étrangere
    Qui pourroit en vous s'imprimer ;
Point de mélange à ce beau caractére
Qu'en sa perfection le Ciel a sû former,
L'une affecte votre air aux choses que vous faites,
Vainement l'autre aspire à vos graces secretes,
Esprit, maniere, humeur, tout se fait souhaiter :
La Nature vous fit pour servir de modelle,
    Et vous vous rendez criminelle
    Lorsque vous voulez imiter,

OBSERVATIONS

OBSERVATIONS

Sur le Goût & le Discernement des François.

QUOIQUE le génie ordinaire des François paroisse assez médiocre, il est certain que ceux qui se distinguent parmi nous, sont capables de produire les plus belles choses : mais quand ils savent les faire, nous ne savons pas les estimer ; & si nous avons rendu justice à quelque excellent ouvrage, notre légereté ne le laisse pas jouir long-temps de la réputation que nous lui avons donnée. Je ne m'étonne point que le bon goût ne se trouve pas en des lieux où regne la barbarie, & qu'il n'y ait point de discernement où les Lettres, les Arts, & les disciplines sont perdues ; il seroit ridicule aussi de chercher une lumiere si exquise en certains temps d'imbécillité & d'ignorance : mais ce qui est étonnant, c'est de voir dans la Cour la mieux polie, le bon & le mauvais goût, le vrai & le faux esprit, être tour à tour à la mode comme les habits.

J'ai vû des gens considérables passer

tantôt pour les ornemens de la Cour, & tantôt être traités de ridicules ; revenir à l'approbation, retomber dans le mépris, sans qu'il y eût aucun changement ni en leur personne ni en leur conduite. Un homme se retire chez lui avec l'approbation de tout le monde, qui se trouve le lendemain un sujet de raillerie, sans savoir ce que peut être devenue l'opinion qu'on avoit de son mérite. La raison en est qu'on juge rarement des hommes par des avantages solides, qui fassent connoître le bon sens ; mais par des manieres dont l'applaudissement finit aussi-tôt que la fantaisie qui les a fait naître.

Les ouvrages des Auteurs sont sujets à la même inégalité de notre goût. Dans ma jeunesse on admiroit Théophile, malgré ses irrégularités & ses négligences, qui échapoient au peu de délicatesse des courtisans de ce temps-là. Je l'ai vû décrié depuis par tous les versificateurs, sans aucun égard à sa belle imagination, & aux graces heureuses de son génie. J'ai vû qu'on trouvoit la Poësie de Malherbe admirable dans le tour, la justesse & l'expression. Malherbe s'est trouvé négligé quelque temps après ; comme le dernier des Poëtes, la fantaisie ayant tourné les François aux Enigmes, au Burlesque & aux Bouts-rimés. J'ai vû Corneille perdre sa réputation, s'il étoit possible qu'il la perdît, à la représentation de l'une de ses meilleures Piéces (1). J'ai vû les deux meilleurs Comédiens du monde (2) exposés à nos railleries; & l'influence de ce faux esprit étant passée, ils se firent admirer comme auparavant, par un heureux retour de notre bon goût. Les Airs de Boisset, qui charmerent autrefois si justement toute la Cour, furent laissés bien-tôt pour des Chansonnettes; & il fallut que Luigi, le premier homme de l'Univers en son art, que Luigi les vînt admirer d'Italie, pour nous faire repentir de cet abandonnement, & leur redonner la réputation, qu'une pure fantaisie leur avoit ôtée. Si vous en demandez la raison, je vous dirai que l'industrie tient lieu en France du plus grand mérite, & que l'art de se faire valoir donne plus souvent la réputation, que ce qu'on vaut.

Comme les bons Juges sont aussi rares que les bons Auteurs; comme il est aussi difficile de trouver le discernement dans les uns que le génie dans les autres, chacun cherche à donner de la réputation à ce qui lui plaît; & il arrive que la multitude fait valoir ce qui a du rapport à son mauvais goût, ou tout au

____
(1) La SOPHONISBE. (2) Floridor & Montfleuri.

plus à son intelligence médiocre. Ajoûtez que la nouveauté a un charme pour nous, dont nos esprits se défendent malaisément. Le mérite où nous sommes accoûtumés, laisse former avec le temps une habitude ennuyeuse ; & les défauts sont capables de nous surprendre agréablement, en ce que nous n'avons pas vû. Les choses les plus estimables qui ont paru beaucoup parmi nous, ne font plus leur impression comme bonnes ; elles apportent le dégoût comme vieilles : celles au contraire à qui on ne devroit aucune estime, sont moins souvent rejettées comme méprisables, que recherchées comme nouvelles.

Ce n'est pas qu'il n'y ait en France des esprits bien sains, qui ne se dégoûtent jamais de ce qui doit plaire, & jamais ne se plaisent à ce qui doit donner du dégoût : mais la multitude, ou ignorante, ou préoccupée, étouffe le petit nombre des connoisseurs. D'ailleurs, les gens du plus grand éclat font tout valoir à leur fantaisie, & quand une personne est bien à la mode, elle peut donner le prix également aux choses où elle se connoît, & à celles où elle ne se connoît pas.

Il n'y a point de pays où la raison soit plus rare qu'elle est en France : quand elle s'y trouve, il n'y en a pas de plus pure dans l'Univers ; communément tout est fantaisie ; mais une fantaisie si belle, & un caprice si noble en ce qui regarde l'extérieur, que les étrangers honteux de leur bon sens, comme d'une qualité grossiere, cherchent à se faire valoir chez eux par l'imitation de nos modes, & renoncent à des qualités essentielles, pour affecter un air & des manieres qu'il ne leur est presque pas possible de se donner. Aussi ce changement éternel aux meubles & aux habits, qu'on nous reproche, & qu'on suit toujours, devient, sans y penser, une sagesse bien grande : car outre une infinité d'argent que nous en tirons, c'est un intérêt plus solide qu'on ne croit, d'avoir des François répandus par tout, qui forment l'extérieur de tous les peuples sur le nôtre ; qui commencent par assujettir les yeux, où le cœur s'oppose encore à nos loix ; qui gagnent les sens en faveur de notre empire, où les sentimens tiennent encore pour la liberté.

Heureux donc ce caprice noble & galant, qui se fait recevoir de nos plus grands ennemis : mais nous devrions nous défaire de celui qui veut regner dans les Arts, & qui décide impérieusement des productions de l'esprit, sans consulter ni le bon goût, ni la raison. Quand nous sommes arrivés à la perfection de quelque chose, nous devrions fixer notre délicatesse à la connoître, & la justice que nous lui devons, à l'estimer éternellement : sans cela on pourra nous faire un reproche bien fondé ; que les Etrangers sont plus justes estimateurs du mérite de nos ouvrages, que nous-mêmes. Nous verrons les bonnes choses qui viennent de nous, conserver ailleurs leur réputation, quand elles n'en ont plus en France : nous verrons ailleurs nos sottises rejettées par le bon sens, quand nous les élevons au Ciel par un entêtement ridicule.

Il y a un vice opposé à celui-ci, qui n'est pas plus supportable; c'est de nous attacher avec passion à ce qui s'est fait dans un autre temps que le nôtre, & d'avoir du dégoût pour tout ce qui se fait en celui où nous vivons. Horace a formé là-dessus le caractere de la vieillesse, & un Vieillard à la vérité est merveilleusement dépeint,

Difficilis, querulus, laudator temporis acti.

Dans cet âge triste & malheureux, nous imputons aux objets les défauts qui viennent purement de notre chagrin ; & lorsqu'un doux souvenir détourne notre pensée de ce que nous sommes, sur ce que nous avons été, nous attribuons des agrémens à beaucoup de choses qui n'en avoient point, parce qu'elles rappellent dans notre esprit l'idée de notre jeunesse, où tout nous plaisoit par la disposition de nos sentimens. Mais ce n'est pas à la seule vieillesse qu'on doit imputer cette humeur-là : il y a des gens qui croyent se faire un mérite de mépriser tout ce qui est nouveau, & qui mettent la solidité à faire valoir tous les vieux ouvrages. Il y en a qui, de leur propre naturel, sont mécontens de ce qu'ils voyent, & amoureux de ce qu'ils ont vû. Ils diront des merveilles d'une vieille Cour où il n'y avoit rien que de médiocre, aux mépris de la grandeur & de la magnificence qu'ils ont devant les yeux. Ils donneront mille louanges à des morts d'une assez commune vertu, & auront de la peine à souffrir la gloire du plus grand Héros, s'il vit encore. Le premier obstacle à leur estime, c'est de vivre ; la plus favorable recommandation, c'est d'avoir été. Ils loueront après la mort d'un homme, ce qu'ils ont blâmé en lui durant sa vie, & leur esprit dégagé du chagrin de leur humeur, rendra sainement à la mémoire ce qu'il avoit dérobé injustement à la personne.

J'ai toujours crû que pour faire un sain jugement des hommes & de leurs ouvrages, il les falloit considérer par eux-mêmes, avoir du mépris ou de la vénération pour les choses passées, selon leur peu de valeur ou leur mérite. J'ai crû qu'il ne falloit pas s'opposer aux nouvelles par esprit d'aversion, ni les rechercher par amour de la nouveauté; mais les rejetter ou les recevoir selon le véritable sentiment qu'on en doit prendre. Il faut se défaire de nos caprices & de toute la bizarrerie de notre humeur; ce qui n'est pourtant qu'un empêchement à bien connoître les choses. Le point le plus essentiel est d'acquérir un vrai discernement, & de se donner des lumieres pures. La nature nous y prépare, l'expérience & le commerce des gens délicats achevent de nous y former.

LETTRE
A MADAME LA DUCHESSE
MAZARIN,

IL n'y a point de jour, Madame, que vous ne me marquiez le changement des bontés que vous aviez pour moi. J'en cherche le sujet en moi-même sans le pouvoir trouver. Faites-moi la grace de
me

me le dire : il me semble que je serai moins malheureux quand je saurai la cause de mon malheur. Ce n'est plus le *maudit Vieillard*, que vos enjouemens favorisoient autrefois de cette injure : c'est un *vieux coquin*, lequel a donné au monde une affaire malheureuse, qui n'a de fondement que dans la malice de ses insinuations.

Voilà, Madame, la réputation où je suis auprès de vous. La malignité a ses joies secrettes : un autre les auroit senties au lieu des douleurs qu'un tendre intérêt, pour ce qui vous touche, m'a fait souffrir. J'aurois eu dans l'indifférence, si elle avoit été en mon pouvoir, une liberté d'esprit douce & tranquille. Cette *amitié commode & aisée*, que vous me reprochez toujours, m'auroit exempté de beaucoup d'ennuis, m'auroit garanti de beaucoup d'inquiétudes & d'appréhensions : mais j'ai été trop honnête, trop sensible, & moins heureux.

La moindre apparence de peine pour vous, en est une pour moi trop véritable. Je suis le même que j'étois quand vous m'avez vû partager vos maux avec vous ; assez changé dans votre opinion pour en avoir perdu votre confiance, toujours égal dans le sentiment de vos douleurs. Au-dessus de tous les chagrins de la vieillesse, je n'ai aucun trouble que le vôtre ; & il est bien juste que mon ame soit altérée par le désordre de la vôtre, puisque l'heureuse assiéte où je l'ai vûe autrefois, a fait si long-temps la tranquillité de la mienne.

C'est trop parler de mon mérite à votre égard : faire souvenir de nos services, est une injure à ceux qui les ont mal reconnus. Je vais donc vous demander une grace, au lieu de vous reprocher une obligation ; c'est, Madame, que vous me permettiez de me justifier des soupçons que vous avez. Je jure avec la plus grande vérité du monde, (vertu qui subsisteroit dans la ruine de tous les principes de Morale, & de tous les sentimens de Religion ;) je jure avec cette vérité qui m'est si chere, que je n'ai jamais rien fait, rien dit, rien insinué, par où la personne la plus délicate & la plus sensible pût être blessée. Et que dirois-je de criminel contre vous, Madame ? Ce ne sont pas des crimes, ce ne sont pas des injustices & des violences qu'on pourroit vous reprocher ; ce sont vos ennuis, vos mélancolies : ce sont les embarras de votre esprit qu'on ne vous pardonne point. Si vous êtes coupable, c'est, envers vous, de votre affliction ; envers nous, de la perte de notre joie. Chacun est en droit de vous redemander vos agrémens & ses plaisirs.

Oui, Madame, vous devez compte à tous les honnêtes gens, des manieres obligeantes que vous avez eûes ; vous le devez à tous vos amis de la douceur de votre commerce, & de la liberté de votre maison. Vous le devez aux savans, de votre lecture, aux délicats de votre bon goût, à moi de vos grandes qualités que j'ai tant louées. Rendez-moi cette femme illustre, qui n'avoit rien des foiblesses de son sexe ; rendez-moi cette sagesse enjouée, cette fermeté agréable, ces vertus qui faisoient des Philosophes de vos amans ; ces charmes qui vous faisoient des amans des Philosophes.

Qu'est devenu ce temps heureux,
Où la raison, d'accord avec vos plus doux vœux ;
Où les discours sensés de la Philosophie
Partageoient les plaisirs de votre belle vie ? (1)

Faites revenir ce temps heureux, où toujours maîtresse de vous-même, vous ne laissiez de liberté à personne qui valût la peine d'être assujettie. Vous le pouvez, Madame, vous le pouvez : vous avez en vous le fonds de ce mérite dérobé au monde, & nous avons notre premiere

(1) Voyez Tome IV, page 321.

disposition à l'admirer, aussi-tôt que vous en aurez retrouvé l'usage. Rentrez donc en possession de votre esprit, reprenez cette intelligence que vous avez soumise à de moindres lumieres que les vôtres.

En l'état que vous êtes présentement, vous me faites souvenir d'un Prince qui se portoit mieux que son Médecin ; étoit plus homme de bien que son Confesseur, & plus éclairé que son Ministre ; cependant, tout plein de santé qu'il étoit, il n'eût osé manger d'aucune chose que par l'ordre d'un Médecin languissant ; touché chrétiennement de son salut, il s'en rapportoit à un Directeur qui n'avoit aucun soin du sien propre ; & très-habile dans la connoissance de ses affaires, il les remettoit toutes à un Conseiller qui n'y entendoit rien.

Voilà, Madame, les crimes dont vous êtes accusée : pour ceux d'une autre nature, vous n'en avez point ; ou en tout cas,

Le charme des beautés leur tient lieu d'innocence.

Tant qu'il n'arrive aucun changement à ce beau visage, les plus séveres vous sont obligés des moindres égards que vous voulez avoir pour la vertu : mais ces priviléges ne sont que pour vous, Madame ; un vieux pécheur comme moi doit avoir des pensées auſtéres ſur la néceſſité d'une conduite reglée, & ſur l'affreuſe condition de l'avenir. Auſſi le deſſein de ma retraite m'eſt-il venu d'un certain eſprit de dévotion, inſpiré heureuſement aujourd'hui à tous nos François : je me ſuis reſſenti du mérite édifiant de la converſion des uns, & de la ſainteté exemplaire des autres. C'eſt par cette diſpoſition ſecrete que j'ai ſuivi le triſte conſeil *de mettre un temps entre la vie & la mort :* c'eſt par elle que je me ſuis détaché du plus grand charme de ma vie, qui étoit la douceur de votre entretien, pour me réduire à moi-même, & me trouver en état de pouvoir ceſſer de vivre avec moins de tendreſſe & de regret. Quand je n'aurai plus à faire qu'à l'amour-propre, connoiſſant le peu que je vaux, je ne ſerai pas fort embarraſſé à me quitter.

Ajoûtez à des conſidérations ſi épurées, qu'il y a des ſaiſons de plaire, & alors on ne ſauroit avoir trop d'aſſiduité : mais qu'il y en a d'autres où il ne reſte de mérite pour nous que la diſcrétion des abſences; & tout au plus, où il ne faut ſe préſenter qu'aux occaſions où l'on peut ſervir. Que je me tiendrois heureux, Madame, d'en rencontrer ! je vous ferois avouer, que perſonne n'a jamais été attaché à vos intérêts, avec plus de zéle, de fidélité, & de perſévérance, que Votre, &c.

LETTRE
A MONSIEUR ***,

Qui ne pouvoit souffrir l'amour de Monsieur le Comte de SAINT-ALBANS *à son âge.*

VOUS vous étonnez mal-à-propos, que de vieilles gens aiment encore; car leur ridicule n'est pas à se laisser toucher, c'est à prétendre imbécillement de pouvoir plaire. Pour moi, j'aime le commerce des belles personnes autant que jamais : mais je les trouve aimables, sans dessein de m'en faire aimer : je ne compte que sur mes sentimens, & cherche moins avec elles la tendresse de leur cœur que celle du mien. C'est de leurs charmes, & non point de leurs faveurs, que je prétens être obligé ; c'est du désagrément & non point de la rigueur, que je trouve sujet de me plaindre.

Qu'un autre vous appelle ingrate, inexorable,
Vous m'obligez assez de me paroître aimable :
Et vos yeux adorés, plus beaux que l'œil du jour,
Ont assez fait pour moi de former mon amour.

Le plus grand plaisir qui reste aux vieilles gens, c'est de vivre ; & rien ne les assure si bien de leur vie que leur amour. *Je pense, donc je suis ;* surquoi roule la Philosophie de M. Descartes, est une conclusion pour eux bien froide & bien languissante : *j'aime, donc je suis ;* est une conséquence toute vive, toute animée, par où l'on rappelle les desirs de la jeunesse, jusqu'à s'imaginer quelquefois d'être jeune encore.

Vous me direz que c'est une double erreur de ne croire pas être ce qu'on est, & de s'imaginer être ce qu'on n'est pas. Mais quelles vérités peuvent être si avantageuses que ces bonnes erreurs, qui nous ôtent le sentiment des maux que nous avons, & nous rendent celui des biens que nous n'avons plus ? Cependant, pour ne considerer pas les choses avec assez d'attention, nous faisons convenir l'amour seulement à la jeunesse, bien que la raison dût être employée à réprimer la violence de ses mouvemens ; & nous traitons de foux les vieilles gens qui osent aimer, quoi que la plus grande sagesse qu'ils puissent avoir c'est d'animer leur nature languissante par quelques sentimens amoureux. Que vous sert-il de vivre encore, si vous ne sentez pas que vous vivez ? C'est avoir obligation de votre vie à votre amour, s'il a sû la ranimer quand la langueur vous l'avoit rendue insensible.

En cet âge-là, toute ambition nous abandonne; le desir de la gloire ne nous touche plus, les forces nous manquent, le courage s'éteint ou s'affoiblit; l'amour, le seul amour nous tient lieu de toute vertu contre le sentiment des maux qui nous pressent, & contre la crainte de ceux dont nous sommes menacés. Il détourne l'image de la mort, qui sans lui se présenteroit continuellement à nous; il dissipe les frayeurs de l'imagination, les troubles de l'ame, & nous rend les plus sages du monde à notre égard, quand il nous fait tenir insensés dans la commune opinion des autres.

SUR L'ABSENCE
DE MADAME LA DUCHESSE
MAZARIN,

Le jour de la naissance de la Reine (1)*

Hélas ! quel moyen de savoir,
Où notre Reine se peut voir !

(1) CATHERINE, Infante de Portugal, Epouse de Charles II.

Qu'eſt-elle devenue, où s'en eſt-elle allée ?
Où cache-t-elle ſes appas ?
Sa Cour errante & déſolée,
La cherche & ne la trouve pas.
Peut-être que le jour natal
De l'Infante de Portugal,
Eſt cauſe de cette aventure :
Ah ! jour qui promettiez tant de félicité,
Votre grand appareil étoit un faux augure,
Que de maux, que de pleurs vous nous avez
coûté,
Vous nous volez Hortence, elle ne paroît plus,
Et tous autres objets, ſont pour nous ſuperflus ;
Nous ne voyons plus rien ſitôt qu'elle eſt abſente.
Je ſai que notre eſprit aſſez ingénieux,
Sans ceſſe nous la repréſente,
Et fait l'office de nos yeux ;
Mais c'eſt un vain ſoulagement,
Pour adoucir un vrai tourment,
Que le ſecours de notre idée ;
Finiſſez, vain ſecours, avec ce triſte jour,
Qu'Hortence dès demain, chez elle retournée,
En ſes propres Etats rétabliſſe ſa Cour.
Reprenez le bandeau Royal,
Qui ceignoit votre belle tête,
Princeſſe, vos ſujets d'un zéle ſans égal,
Veulent célébrer votre Fête.
La pompe qui s'apprête
Pour une autre que vous,

N'a rien qui nous arrête,
C'est un faux spectacle pour nous.

A MADAME LA DUCHESSE
MAZARIN.

Noires Ondes du Styx, c'est par vous que je jure,
Fleuve affreux, écoutez le serment que je fais :
Périsse l'Univers, périsse la nature,
Que tout soit confondu, s'il m'arrive jamais
  De célébrer autre naissance,
  Que celle de la belle Hortence.
C'est elle seulement qui nous donne des loix,
Le Ciel sur son visage en imprime les droits ;
Quand le sort lui refuse un vain titre de REINE,
Le Ciel, le juste Ciel l'établit Souveraine,
Et lui fait posséder par des titres meilleurs,
Un empire absolu qu'elle a sur tous les cœurs.
Sans l'ordre, sans les loix, les bienfaits & la peine,
Les Rois n'auroient sur nous qu'une puissance vaine;
Pour maintenir, Hortence, un pouvoir glorieux,
Il suffit des regards qui partent de vos yeux :
D'un charme tout puissant ces ministres fidéles
Ne sont point occupés à punir des rebelles,
Jamais vous n'entendrez un sujet révolté
Se faire un faux honneur du nom de liberté :

Et jamais le tourment qu'un malheureux endure,
N'excita dans son cœur le plus leger murmure.
Vous êtes adorée en cent & cent climats,
Toutes les Nations sont vos propres Etats,
Et de petits Esprits vous nomment *Vagabonde* (1),
Quand vous allez régner en tous les lieux du monde.
Il ne vous restoit plus qu'à régner sur les mers,
Votre nouvel Empire embrasse l'Univers ;
Et de nos Isles fortunées.
Vous pourriez des mortels régler les destinées.
Plus puissante aujourd'hui que n'étoient les Romains,
Vous feriez des sujets de tous les Souverains,
Si vous n'apportiez pas plus de soin & d'étude,
Pour votre liberté que pour leur servitude (2).

---

(1) La VIE de M. de S. Evremond, sur l'année 1677.

(2) Voyez la VIE de M. de S. Evremond, sur l'année 1677.

LETTRE
A MADAME
HARVEY (1).

Dans ce malheureux cabinet
Que le souffle des vents tient toujours assez net,
Je vis hier trois portes ouvertes,
Pires à ma santé qu'à ma bourse les pertes ;
Et je sentis un froid égal
A celui dont se plaint Monsieur de Portugal.
Ce n'est pas la seule froidure,
Qui fait aujourd'hui mon murmure,
J'ai d'autres griefs à conter,
Préparez-vous à m'écouter.

Vous jugez bien, Madame, que je veux parler du Cabinet de Madame Mazarin : & me plaindre à vous des torts qu'on m'y a faits. Je vous en demande raison, avec quelque crainte que vous n'ayez moins d'inclination pour la justice que pour elle.

---

(1) Sœur de Mylord Montaigu. Elle avoit épousé le Chevalier Harvey. Voyez la VIE de M. de S. Evremond, sur l'année 1687.

Mais à qui puis-je m'adresser, sans avoir le même sujet d'appréhension ?

 Ciel ! à qui me plaindre,
 Sans avoir à craindre,
 Mêmes sentimens !
Tout Sexe pour Hortense a fourni des amans.

Je ne l'accuse point des distractions que sa beauté m'a données. J'en ai fait une bête pour avoir joué avec trop de cartes, & une autre pour avoir renoncé : mais ce n'est ni sa faute, ni la mienne.

 J'aurois tort de me plaindre d'elle ;
  Prenons-nous-en aux Dieux,
  Qui la firent trop belle ;
 Et n'en accusons pas nos yeux :

Voici, Madame, une chose particulière qui mérite bien votre attention. Je jouois en noir avec Spadille, Manille, le Roi & le Sept, (belles espérances !) & mes espérances furent bien trompées.

Cet œil, qui peut percer les cœurs de tout le
   monde,
Et fait sans y manquer la blessure profonde ;
Cet œil sur le talon jetta quelque regard,
  Et le perça de part en part.
  Il vit que la premiere carte,

(Quel moyen de rimer le Baste?)
Que la Rime soit bonne ou non,
Il vit le Baste au-dessus du Talon.
Une subtile main prête aussi-tôt l'office
Que sembloient demander ses yeux vifs & perçans;
Je suis honteux sur mes vieux ans
Pour telle occasion d'implorer la justice:
Quand mes sens avoient la vigueur.
Que donne une vive jeunesse,
Je n'allois pas trop à confesse,
Et les gens d'un grossier honneur,
Pour de semblables tours d'adresse,
Me nommoient quelquefois *Pipeur*;
Aujourd'hui la langueur d'une infirme vieillesse
Ayant mis le devoir bien avant dans mon cœur;
Je prêche une Duchesse,
Et lui parle sans cesse,
D'Aumônier & de Confesseur.

Pour un plus grand éclaircissement du fait, passons à la maniere dont la chose s'est exécutée.

De la plus belle main qu'on puisse voir au monde;
Une main, que nature a voulu faire au tour;
Mais une main à l'Hombre aujourd'hui sans seconde
Pour prendre un Matador si-tôt qu'elle y voit jour;
De cette belle main, que la divine Hortence
Pourroit faire adorer aux mortels à genoux;
La divine mieux qu'un filoux

A fû tromper ma défiance,
Et mettre le Baste deſſous
Sans que j'en euſſe connoiſſance.
Que ſes yeux font bien d'autres coups !
Ils volent tous les cœurs lorſque moins on y penſe ;
Et pas un ne revient à nous :
Tous âges, ſexes, rangs, en font l'expérience,
Madame, prenez garde à vous.

EPITRE
A MADAME LA DUCHESSE
MAZARIN.

APRE'S mes ſervices paſſés,
Après les pleurs que j'ai verſés,
On m'accuſe d'indifférence ;
Et pour la tête d'un Porteur
Caſſée aujourd'hui par malheur (1),
On me veut imputer une froide indolence.
Lorſqu'on vous voyoit tant ſouffrir,
Qu'on vous croyoit prête à mourir,
Que vous étiez ſouvent ſans poûs & ſans haleine ;

(1) Madame Mazarin reprochoit à M. de S. Evremond de n'avoir pas aſſez de ſoin d'un de ſes Porteurs qui s'étoit caſſé la tête.

Dieux, vous savez au moins quel étoit mon tour-
ment !
Hortence n'a songé qu'à son mal seulement,
Ou bien n'a pas daigné prendre garde à ma peine.
Je pense voir encor ces beaux yeux languissans,
Je pense voir encor la pâleur du visage ;
L'amour & la pitié pour toucher davantage
Agissoient de concert sur l'ame & sur les sens,
Et je ne puis savoir qui du mal ou des charmes
Avoit le plus de part à nous donner des larmes,
Je pense voir Hartel (1) pour la conclusion
Apporter son *Levain de fermentation* ;
A vous faire vomir, Madame Hide (2) s'apprête ;
Grenier (3) court au bassin, Lot (4) vous soûtient
la tête ;
Saint Victor y prend ses vapeurs ;
Timide & curieux aux signes je m'arrête ;
Et mon triste silence exprime mes douleurs.
Sitôt qu'il faut agir pour être nécessaire,
Je fais l'office de vos gens ;
Mais je parle, je cours, & je n'avance guere ;
Dans l'erreur de mes soins confus & diligens,
Je brûle des coussins dont on avoit affaire,
Et j'exécute mal tout ce que j'entreprens.
Au sortir de la maladie,
Lot cette chere & sûre amie,

(1) Medecin de Madame Mazarin.
(2) Depuis Comtesse de Rochester.
(3) Demoiselle de Madame Mazarin.
(4) Mademoiselle de Peverycers.

Vous

Vous voit pour la guinée un louable appétit,
Et me difant toujours *vous la ferez malade*,
   La bonne Lot me perfuade
D'en mettre deux ou trois fous le chevet du lit.
   Vous étiez fi tendre & fi bonne
   Quand vous difiez, *Lot, je me meurs*;
   Aujourd'hui la fanté vous donne
Ton différent, différentes humeurs :
   S'il arrive que je vous prie
   Sur le moins important fujet,
Souviens-toi feulement que je fuis Cornelie (1),
   De ma priere eft tout l'effet.
Qu'avois-je à démêler avec cette Romaine ?
   Et par quel etrange hazard
   Ai-je à répondre d'une haine,
Qui fe devoit, dit-on, la perte de Céfar ?
Pourquoi fe prendre à moi, fi dans Aléxandrie
   Elle avertit fon ennemi
   Du funefte & fecret parti
Que les Egyptiens prenoient contre fa vie ?
La Veuve de Pompée & du jeune Craffus,
Deux fois du monde entier a caufé la difgrace (2).
La mienne eft la troifiéme ; il faut qu'elle la faffe,
   Quand elle & Rome ne font plus.
Elle perdit Craffus, & vit de fon Pompée
La tête précieufe indignement coupée,

---

(1) Vers de POMPE'E de Corneille (*Act. III. fc. IV.*) que Madame Mazarin récitoit fort fouvent.
(2) Imitation d'un Vers de la même Piéce.

Son astre la poursuit encore après sa mort ;
Toute vertu lui nuit ; sa grandeur de courage,
Du sang des Scipions ordinaire partage,
Rencontre chez Hortence un plus malheureux sort.
    Juste ou non, votre raillerie
    Peut s'exercer sur Cornelie ;
Mais ne prônez pas tant l'éclat de ma santé ;
Quand l'âge & la saison font mon infirmité ;
Mais ne prônez pas tant l'état de mes affaires
Lorsque j'ai simplement les choses nécessaires ;
N'allez pas à Cleveden (1) compter par le menu
    Ma dépense & mon revenu.
Pour me désobliger vous feriez davantage,
    S'il étoit en votre pouvoir
    De cacher votre beau visage,
    Vous m'empêcheriez de le voir.
    Je n'ai rien tenté sur la bouche,
    (Trop timide en ce que je veux ;)
Mais si j'ose sentir l'odeur de vos cheveux,
Ou prendre quelquefois sur l'épaule une mouche,
Un petit Capot verd, More, voleur & gueux ;
    Vous dit, *Non beve Vino* (2) touche,
Et me fait retirer sur le point d'être heureux.

---

(1) Maison de campagne du Duc de Buckingam près de Windsor.

(2) Cette expression est prise d'une Comédie Italienne, où Arlequin paroissant yvre & bûvant toujours, disoit à chaque verre de Vin, NON BEVE VINO. Madame Mazarin prenoit beaucoup de plaisir à répéter ces mots, & son petit More s'en servoit malicieusement pour désigner M. de Saint-Evremond quand il avoit bû, & pour l'arrêter, lorsqu'il vouloit s'approcher de Madame Mazarin.

Ne pensez pas que la nature
Ne vous ait faite que pour vous ;
Vous devez bonnement à votre créature
De vos charmes divins quelque usage assez doux !
Tout ce que l'Univers a de plus admirable
Est fait pour nous prêter un secours charitable ;
Ce qu'ont formé les Dieux avec le plus de soin,
Sert à notre plaisir comme à notre besoin,
Et ces grandes beautés à nos yeux exposées,
Donnent un bien facile, & des faveurs aisées.
L'astre, qu'on nommeroit la premiere beauté,
Si ce nom-là par vous n'étoit pas contesté ;
Le soleil au matin commence sa carriere,
Pour épancher sur tous la commune lumiere,
Et l'aimable clarté que répandent ses feux,
N'attend pour se donner ni priere, ni vœux.
C'est pour nous faire agir qu'il éclaire le monde,
C'est pour notre repos qu'il se cache sous l'onde :
La nuit, la douce nuit aussi-bien que le jour,
Sont les effets heureux que produit son amour.
La Terre avec amour expose à notre vûe
Les appas renaissans dont le Ciel l'a pourvûe ;
Sa bonté nous fournit les fruits après les fleurs,
Et je n'ai rien de vous qu'épines, que rigueurs.
Vos charmes concertés avecque vos malices,
Inspirent dans nos cœurs l'amour & les supplices :
Un moment de douceur que je trouve avec vous,
N'est jamais éloigné d'un autre de courroux ;
Et n'étoient vos esprits qui soutiennent ma vie,

Vos chagrins contre moi l'auroient déja ravie.
Que ce brillant éclat à qui rien n'est pareil,
Aux jours les plus serains fasse honte au soleil;
Qu'effaçant des beautés de nature immortelle,
  Vous soyez à nos yeux
Du Dieu qui vous forma l'image la plus belle;
Je ne vous en dois rien, c'est un présent des Cieux;
Je dois à votre esprit toujours malicieux,
De vous trouver par-tout ou railleuse ou cruelle.
  Pour une tête de Porteur
  Cassée aujourd'hui par malheur,
  Vous m'imputez de l'indolence :
  Plût à Dieu que j'en eusse, Hortence !
Mon cœur seroit exempt des inquiets desirs
  Que font naître vos charmes,
Ma bouche ignoreroit l'usage des soupirs,
  Mes yeux celui des larmes.

A LA MESME.

Avec humble révérence,
J'ose ici vous protester
Que tous vos amis de France
Ne sauroient me disputer
Le mérite de constance,
Ni devant moi se vanter
De leur zéle pour Hortence.

Dire HORTENCE ! qu'ai-je osé ?
Ce Privilége est usé :
Liberté trop indiscréte
Soyez désormais muette,
Ne tirez point vanité
Du peu que j'ai mérité.
Servir d'un esprit sincére
N'est pas ce qui nous fait plaire :
Le plus souvent pour trahir
On ne se fait pas haïr.
Une flateuse imposture
A d'insinuans appas;
C'est une agréable injure
Dont on ne se venge pas.
L'art enléve tous les charmes
A la triste vérité,
Et laisse à la probité
La raison pour toutes armes :
C'est le débile secours,
C'est l'inutile assistance,
Qu'un malheureux eut toujours.
Le dirai-je ? avec Hortence
J'ai le fort des vieux valets,
A qui l'on fait injustice ;
Plus ils rendent de service
Ils gâtent leurs intérêts.
Comme le moindre murmure
Seroit reproche ou censure,
Je deviendrai circonspect ;

Mais je laisse à ces murailles,
Que nous voyons aujourd'hui,
Et dont les dures entrailles
S'émurent de notre ennui,
Je leur remets à vous dire
Quel étoit notre martyre,
Quand vos pressantes douleurs
Nous coûterent tant de pleurs.
Je remets à leur mémoire
De vous en conter l'histoire ;
Parlez, murailles, parlez
De tant de gens désolés.
Dites que le Domestique
Dans sa mortelle pâleur,
D'un événement tragique
Craignoit ce commun malheur.
Dites que notre Pucelle
L'illustre Mademoiselle (1),
Etouffoit mille soupirs,
Pour cacher ses déplaisirs ;
Qu'elle retenoit ses larmes
Pour ne pas donner d'alarmes,
Et forçoit son amitié
Au secret de la pitié.
Apprenez que Madame Hyde
Par ses soins & par votre aide,
Par un éternel secours

(1) Mademoiselle Beverweert.

Nous conserva ces beaux jours ;
Ces jours auxquels notre vie
Est pleinement asservie.
Dites que Madame Harvey
Quitta l'esprit élevé,
A tout foible inaccessible,
Pour être tendre & sensible.
Parlez, murailles, encor
Des vapeurs de Saint-Victor.
Il en courut la Campagne,
Notre Guerrier d'Allemagne (1) :
Il fait par-là des présens
De vin d'Ay tous les ans :
Que puisse la maladie
Lui durer toute sa vie !
Vous pourriez parler de moi,
De ma douleur, de ma foi :
Mais un excès de souffrance
S'exprime par le silence :
Vos discours sont superflus,
Murailles, ne parlez plus.

(1) Le Comte de Grammont.

ORAISON FUNEBRE
DE
MADAME LA·DUCHESSE
MAZARIN (1).

J'Entreprens aujourd'hui une chose sans exemple ; j'entreprens de faire l'Oraison Funebre d'une personne, qui se porte mieux que son Orateur. Cela vous surprendra, Messieurs ; mais s'il est permis de prendre soin de son Tombeau, d'y mettre des Inscriptions, & de donner plus d'étendue à notre vanité, que la nature n'en a voulu donner à notre vie : si tous les vivans peuvent se destiner le lieu où ils doivent être, lorsqu'ils ne vivront plus : si Charles-Quint a fait faire ses Funerailles, & a bien voulu assister à son Service deux ans durant ; trouverez-vous étrange, Messieurs, qu'une beauté plus illustre par ses charmes, que ce grand Empereur

---

(1) Madame Mazarin ayant dit un jour qu'elle souhaiteroit bien de savoir ce qu'on diroit d'elle après sa mort ; cela donna occasion à M. de Saint-Evremond de composer cette Piéce. Voyez la Vie de M. de S. Evremont, sur l'année 1684.

par ſes conquêtes, veuille jouir du bonheur de ſa mémoire, & entendre pendant ſa vie, ce qu'on pourroit dire d'elle après ſa mort ? Que les autres tâchent d'exciter vos regrets pour quelque morte, je veux attirer vos larmes pour une mortelle ; pour une perſonne qui mourra un jour par le malheur néceſſaire de la condition humaine, & qui devroit toujours vivre par l'avantage de ſes merveilleuſes qualités.

Pleurez, Meſſieurs, n'attendant pas à regretter un bien perdu ; donnez vos pleurs à la funeſte penſée qu'il le faudra perdre : pleurez, pleurez. Quiconque attend un malheur certain, peut déja ſe dire malheureux : Hortence mourra ; cette merveille du monde mourra un jour : l'idée d'un ſi grand mal mérite vos larmes.

Vous y viendrez à ce triſte paſſage,
Hortence, hélas ! vous y viendrez un jour;
Et perdrez-là ce beau viſage
Qu'on ne vit jamais ſans amour.

Détournons notre imagination de ſa mort ſur ſa naiſſance, pour dérober un moment à notre douleur. HORTENCE MANCINI eſt née à Rome d'une famille illuſtre ; ſes parens ont toujours été conſidérables : mais quand ils auroient tous gouvernés des Empires, comme ſon Oncle (1) ; ni eux, ni ce maître de la France ne lui auroient pas apporté tant d'éclat qu'elle leur en donne. Le Ciel a formé ce grand ouvrage fur un modelle inconnu au fiécle où nous fommes : à la honte de notre temps, il a voulu donner à Hortence une beauté de l'ancienne Grece, & une vertu de la vieille Rome. Laiffons écouler fon enfance dans fes MEMOIRES (2). Son enfance a eu cent naivetés aimables, mais rien d'affez important pour notre fujet. Je vous demande, Meffieurs, je vous demande de l'admiration & des larmes : pour les obtenir j'ai des vertus & des malheurs à vous préfenter.

Le Cardinal Mazarin ne fut pas long-temps fans connoître les avantages de fa belle Niéce; & pour faire juftice aux graces de la nature, il deftina Hortence à porter fon nom, & à poffeder fes richeffes après fa mort. Elle avoit des charmes, qui pouvoient engager les Rois à la rechercher par amour, & des biens capables de les y obliger par intérêt. Une conjonéture favorable venant s'unir à ces grands motifs, le Roi de la Grande Bretagne la fit demander en mariage (3), & le Cardinal plus propre à

---

(1) Le Cardinal Mazarin.
(2) Voyez les MEMOIRES de Madame la Ducheffe Mazarin, écrits par l'Abbé de Saint Real, dans le MELANGE CURIEUX des meilleures Piéces attribuées à Mr de S. Evremond.
(3) Voyez la VIE de M. de S. Evremond, fur l'année 1675.

gouverner des Souverains, qu'à faire des Souveraines, perdit une occasion, qu'il rechercha depuis inutilement. La Reine mere du Roi d'Angleterre, se chargea elle-même de la négociation (1) : mais un Roi rétabli se souvint du peu de considération qu'on avoit eu pour un Roi chassé, & on rejetta à Londres les propositions, qui n'a-voient pas été acceptées à Saint-Jean-de-Luz.

Que ne veniez-vous, Madame ? tout eût cedé à vos charmes ; & vous rendriez aujourd'hui une grande nation aussi heu-reuse, que vous la feriez. Le Ciel est ve-nu à bout en quelque sorte de son dessein : il vous avoit destinée à faire les délices de l'Angleterre, & vous les faites.

Cette grande affaire ayant manqué, on examina le mérite de nos Courtisans, pour vous donner un mari digne de vous. Mon-sieur le Cardinal fut tenté de choisir le plus honnête homme : mais il sut vaincre la ten-tation ; & un faux intérêt prévalant sur son esprit, il vous livra à celui qui paroissoit le plus riche. Rejettons la premiere faute de ce mariage sur son Eminence. Monsieur Mazarin n'est pas à blâmer, d'avoir fait tous ses efforts pour obtenir la plus belle femme, & la plus grande héritiere de l'Europe.

(1) Voyez la VIE de M. de S. Evremond, sur l'année 1675.

Madame Mazarin a crû que l'obéïssance étoit son premier devoir, & elle s'est renduë aux volontés de son Oncle, autant par reconnoissance que par soumission. Monsieur le Cardinal, qui devoit connoître la contrarieté naturelle que le ciel avoit inspirée dans leurs cœurs, l'opposition invincible des qualités de l'un & de l'autre, Monsieur le Cardinal n'a rien connu, rien prévû ; on a preferé un peu de bien, un petit intérêt, quelque avantage apparent, au repos d'une Niéce qu'il aimoit si fort. Il est le premier coupable de ces nœuds mal assortis, de ces chaînes infortunées, de ces liens formés si mal-à-propos, & si justement rompus. Ici toute la réputation qu'a eu le Cardinal s'est évanouie. Il a gouverné le Cardinal de Richelieu qui gouvernoit le Royaume ; mais il a marié sa Niéce à Monsieur Mazarin : toute sa réputation est perduë. Il a gouverné Louis XIII. après la mort de son grand Ministre, & la Reine Régente après la mort du Roi son époux : mais il a marié sa Niéce à Monsieur Mazarin : toute sa réputation est perduë. S'il y avoit quelque grace à faire à son Eminence, il faudroit rejetter sa faute sur la foiblesse d'un mourant : c'est trop demander à l'homme, que de lui demander d'être sage, quand il se meurt.

Il me souvient que le lendemain de ces tristes Nôces, les Médecins assûrerent le

Maréchal de Clerembaut que Monsieur le Cardinal se portoit mieux. *C'est un homme mort*, dit le Maréchal : *il a marié sa Niéce à Monsieur Mazarin ; le transport s'est fait au cerveau ; la tête est attaquée ; c'est un homme mort.* Excusons donc ce grand Cardinal sur sa maladie, excusons-le sur la misére de notre condition : il n'y a personne à qui une pareille excuse ne puisse être un jour nécessaire. Pleurons par compassion & par intérêt : quel sujet, Messieurs, manque à nos larmes ?

Pleurons, pleurons ; & c'est peu que des pleurs,
    Pour de si funestes malheurs :
N'attendons pas la perte de ces charmes :
Infortunés liens, vous valez bien nos larmes !

Je sens que ma compassion va s'étendre jusques sur Monsieur Mazarin : celui qui fait le malheur des autres, fait pitié lui-même. Voyez l'état auquel il se trouve, Messieurs ; & vous serez aussi disposés que moi à le plaindre. Monsieur Mazarin gémit sous le poids des biens & des honneurs, dont on l'a chargé ; la fortune qui l'éleve en apparence, l'accable en effet. La grandeur lui est un supplice ; l'abondance une misere. Il a raison de haïr un mariage, qui l'a engagé dans les affaires du monde ; & avec raison il s'est repenti d'avoir obtenu ce qu'il avoit tant defiré. Sans ce Mariage fi funefte aux intéreffés, il meneroit une vie heureufe à la Trape, ou en quelque autre focieté fainte & retirée : les intérêts du monde l'ont fait tomber dans les mains des Dévots du fiécle ; de ces fourbes fpirituels, qui font une cour artificieufe, qui tendent des piéges fecrets à la bonté des ames fimples & innocentes ; de ces ames qui par l'efprit d'une fainte ufure, fe ruinent à prêter à des gens qui promettent cent & cent d'intérêt en l'autre monde.

Mais le plus grand mal n'eft pas à donner, encore qu'on donne mal-à-propos ; c'eft à laiffer perdre, & à laiffer prendre. Un confeil dévotement imbécille fait couvrir des Nudités ; un pareil fcrupule fait défigurer des Statues ; un jour on enleve les Tableaux ; un autre les Tapifferies font emportées : les Gouvernemens font vendus, l'argent s'écoule ; tout fe diffipe, & on ne jouit de rien. Voilà, Meffieurs, le miférable état où fe trouve Monfieur Mazarin : ne mérite-t-il pas d'avoir part aux larmes que nous répandons ?

Mais Madame Mazarin eft mille fois plus à plaindre : c'eft à fes douleurs que nous devons la meilleure partie de notre pitié. Cet époux, qui fe fent peu digne de fon époufe, ne la laiffe voir à perfonne : il la tire de Paris, où elle eft élevée, pour la mener de province en province, de ville en ville, de campagne en campagne, toujours sûre du voyage, toujours incertaine du séjour. L'assiduité n'apporte aucun dégoût, la contrainte ne fait sentir aucun chagrin qu'il ne donne. Il n'oublie rien pour se rendre haïssable; & il auroit pû s'épargner des soins, que la nature avoit déja pris. Comme ceux qui offensent ne pardonnent point, Monsieur Mazarin fait plus de mal, plus on en souffre; & il arrive par degrés à être le tyran d'une personne, dont tous les honnêtes gens voudroient être les esclaves. Il sembloit que Madame Mazarin n'avoit pas d'autres maux à craindre, après ce qu'elle avoit souffert. On se trompoit, Messieurs; le plus grand étoit encore à venir. Madame Mazarin plus jalouse de sa raison, que de sa beauté & de sa fortune, se trouve assujettie à un homme, qui prend toutes les lumieres du bon sens pour des crimes, & toutes les visions de la fantaisie, pour des graces du ciel extraordinaires. Ce ne sont que révélations, que prophéties: il avertit de la part des Anges; il commande, il menace de la part de Dieu. Il ne faut plus chercher les volontés du ciel dans l'ECRITURE, ni dans la TRADITION; elles se forment dans l'imagination, & s'expliquent par la bouche de Monsieur Mazarin. Vous avez souffert d'être ruinée par un dissipateur, d'être traitée en esclave par un tyran ; vous voici, Hortence, à la merci d'un prophéte, qui va chercher dans l'imposture des faux Dévots, & dans les visions des Fanatiques, de nouvelles inventions pour vous tourmenter : les artifices des fourbes, la simplicité des Idiots ; tout s'unit, tout se joint, pour votre persécution.

Cherchez, Messieurs, la femme la plus docile, la plus soumise, & la mettez à de semblables épreuves, elle ne souffrira pas huit jours avec son mari, ce que Madame Mazarin a souffert cinq ans avec le sien. Qu'on s'étonne qu'elle n'ait pas voulu se séparer plûtôt d'un tel époux, qu'on admire sa patience : s'il y a un reproche à lui faire, ce n'est pas de l'avoir quitté, c'est d'avoir demeuré si long-temps avec lui. Que faisoit votre gloire, Madame, dans le temps d'un esclavage si honteux ? Vous vous rendiez indigne des bienfaits de Monsieur le Cardinal ; vous trahissiez ses intentions par une lâche obéissance, qui laissoit ruiner la fortune qu'on vous avoit donnée à soutenir. Vous vous rendiez indigne des graces du ciel, qui vous a fait naître avec de si grands avantages, hazardant vos lumieres dans le long & contagieux commerce que vous aviez avec Monsieur Mazarin. Remerciez Dieu de la bonne & sage résolution qu'il vous a fait prendre : votre liberté est son ouvrage ; s'il ne vous avoit inspiré ses intentions, une timidité naturelle, une conduite scrupuleuse, une mauvaise honte vous eût retenue auprès de votre mari, & vous vous trouveriez encore assujettie à ses folles inspirations. Rendez graces à Dieu, Madame ; il vous a sauvée. Ce salut vous coûte toutes vos richesses, il est vrai ; mais vous avez conservé votre raison : la condition est assez heureuse. Vous êtes privée de tout ce que vous teniez de la fortune : mais on n'a pû vous ôter les avantages que la nature vous a donnés : la grandeur de votre ame, les lumieres de votre esprit, les charmes de votre visage vous demeurent ; la condition est assez heureuse. Quand Monsieur Mazarin laisse oublier le nom de Monsieur le Cardinal en France, vous en augmentez la gloire chez les Etrangers : la condition est assez heureuse. Il n'y a point de peuples, qui n'ayent une soumission volontaire au pouvoir de votre beauté ; point de Reines, qui ne doivent porter plus d'envie à votre personne, que vous n'en devez porter à leur grandeur : la condition est assez heureuse.

Vous êtes admirée en cent & cent climats ;
Toutes les Nations sont vos propres Etats :
Et de petits esprits vous nomment Vagabonde ;

Quand vous allez régner en tous les lieux du monde (1).

Quel pays y a-t-il que Madame Mazarin n'ait pas vû ? Quel pays a-t-elle vû qui ne l'ait pas admirée ? Rome a eu pour elle autant d'admiration que Paris. Cette Rome de tout temps si glorieuse, est plus vaine de l'avoir donnée au monde, que d'avoir produit tous ses Héros : elle croit qu'une beauté si extraordinaire est préférable à toute valeur, & qu'il y a plus de conquêtes à faire par ses yeux, que par les armes de ses grands hommes. L'Italie vous sera éternellement obligée, Madame, de l'avoir défaite de ces régles importunes, qui n'apportent l'ordre qu'avec contrainte ; de lui avoir ôté une science de formalités, de cérémonies, de civilités concertées, d'égards médités, qui rendent les hommes insociables dans la societé même. C'est Madame Mazarin qui a banni toute grimace, toute affectation ; qui a ruiné cet art du dehors qui régle les apparences ; cette étude de l'extérieur qui compose les visages. C'est elle qui a rendu ridicule, une gravité qui tenoit lieu de prudence, une politique sans affaires & sans intérêts, occupée seulement à cacher l'inutilité où l'on se trouve. C'est elle qui a introduit une liberté douce

(1) Voyez ci-dessus, page 35.

& honnête, qui a rendu la conversation plus agréable, les plaisirs plus purs & plus délicats.

Une fatalité l'avoit fait venir à Rome ; une fatalité l'en fait sortir. Madame la Connétable voulut quitter Monsieur son mari, & en fit confidence à sa chere sœur. La sœur, toute jeune qu'elle étoit, lui représenta ce qu'auroit pû représenter une mere pour l'en détourner ; mais la voyant résolue à l'exécution de son dessein, elle suivit par amitié celle qui n'avoit pû être détournée par prudence, & partagea avec elle les dangers de la fuite, les inquiétudes, les embarras, qui suivent de pareilles résolutions. La fortune, qui peut beaucoup dans nos entreprises, & plus dans nos aventures, a fait errer Madame la Connétable de nation en nation, & l'a jettée enfin dans un Couvent à Madrid. La raison conseilla le repos à Madame Mazarin, & un esprit de retraite l'obligea d'établir son séjour à Chambéri. Là, elle a trouvé en elle-même par ses réfléxions, dans le commerce des savans par les conférences, dans les livres par l'étude, dans la nature par des observations, ce que la Cour ne donne point aux Courtisans ; ou pour être trop occupés dans les affaires, ou pour être trop dissipés dans les plaisirs. Madame Mazarin a vécu trois ans entiers à Chambéri, toujours tranquille, & jamais obscure : quelque desir qu'elle ait eu de se cacher, son mérite lui établit malgré elle un petit empire ; & en effet elle commandoit à la ville, & à toute la nation. Chacun reconnoissoit avec plaisir les droits que la nature lui avoit donnée ; & celui qui avoit les siens par sa naissance, les eût volontiers oubliés, pour entrer dans la même sujetion où entroient ses peuples. Les plus honnêtes gens quittoient la Cour, & négligeoient le service de leur Prince, pour s'appliquer plus particuliérement à celui de Madame Mazarin ; & des personnes considérables des pays éloignés, se faisoient un prétexte du voyage d'Italie, pour la venir voir. C'est une chose bien extraordinaire d'avoir vû établir une Cour à Chambéri ; c'est comme un prodige, qu'une beauté, qui avoit voulu se cacher en des lieux presque inaccessibles, ait fait plus de bruit dans l'Europe, que toutes les autres ensemble.

Les plus belles personnes de chaque nation, avoient le déplaisir d'entendre toujours parler d'une absente : les objets les plus aimables avoient un ennemi secret, qui ruinoit toutes les impressions qu'ils pouvoient faire : c'étoit l'idée de Madame Mazarin, qu'on conservoit précieusement après l'avoir vûe, & qu'on se formoit avec plaisir où l'on ne la voyoit pas.

Telle étoit la conduite de Madame Mazarin ; telle étoit sa condition, quand la Duchesse d'York sa parente passa par Chambéri, pour venir troüver le Duc son époux. Le mérite de la Duchesse, sa beauté, son esprit, sa vertu, donnoient envie à Madame Mazarin de l'accompagner ; mais ses affaires ne le permettoient pas, & il fallut remettre son voyage à un autre temps. La curiosité de voir une grande Cour, qu'elle n'avoit pas vûe, la fortifioit dans cette pensée ; la mort du Duc de Savoye (1) la détermina. Ce Prince avoit eu pour elle un sentiment commun à tous ceux qui la voyoient. Il l'avoit admirée à Turin, & cette admiration avoit passé dans l'esprit de Madame de Savoye, pour un véritable amour. Une impression jalouse & chagrine, produisit un procédé peu obligeant pour celle qui l'avoit causée, & il n'en fallut pas davantage pour obliger Madame Mazarin à sortir d'un pays, où la nouvelle Regente étoit absolue. S'éloigner d'elle, & s'approcher de Madame la Duchesse d'York, ne fut qu'une même résolution. Hortence la déclara à ses amis, qui n'oublierent rien pour l'en détourner ; mais ce fut inutilement. On n'a jamais vû tant de larmes. Elle ne fut pas insensible à la douleur que l'on avoit de son départ ; des per-

(1) Charles Emmanuel II. Duc de Savoye, mourut le 12. de Juin 1675.

sonnes touchées si vivement la sûrent toucher : cependant la résolution étoit prise, & malgré tous ces regrets on voulut partir.

Quel autre courage, que celui de Madame Mazarin, eût fait entreprendre un voyage si long, si difficile & si dangereux ? Il lui fallut traverser des nations sauvages, & des nations armées ; adoucir les unes, & se faire respecter des autres. Elle n'entendoit le langage d'aucun de ces peuples ; mais elle étoit entendue : ses yeux ont un langage universel, qui se fait entendre des hommes. Que de montagnes, que de forêts, que de rivieres il fallut passer ! Qu'elle essuya de vents, de neiges, de pluyes ; & que les difficultés des chemins, que la rigueur du temps, que des incommodités extraordinaires firent peu de tort à sa beauté ! Jamais Héléne ne parut si belle qu'étoit Hortence : mais Hortence, cette belle innocente persécutée, fuyoit un injuste époux, & ne suivoit pas un amant. Avec le visage d'Héléne, Madame Mazarin avoit l'air, l'équipage d'une Reine des Amazones : elle paroissoit également propre à charmer, & à combattre. On eût dit qu'elle alloit donner de l'amour à tous les Princes qui étoient sur son passage, & commander toutes les troupes qu'ils commandoient. Le premier eût dépendu d'elle ; mais ce n'étoit pas son dessein : elle fit quelque essai du second ; car les troupes recevoient ses ordres plus volontiers que ceux de leurs Généraux. Après avoir fait plus de trois cens lieues, elle arriva en Hollande, & ne demeura à Amsterdam que le temps qu'il faut pour voir les raretés d'une ville si singuliére & si renommée. Sa curiosité satisfaite, elle en partit pour la Brille, & s'embarqua à la Brille pour l'Angleterre. Il manquoit à ce voyage une tempête ; il en vint une qui dura cinq jours : tempête, aussi furieuse que longue ; tempête, qui fit perdre conseil & résolution aux matelots, & aux passagers toute espérance. Madame Mazarin fut seule exempte de lamentation : moins importune à demander au ciel qu'il la conservât, que soumise & résignée à ses volontés. Il étoit arrêté qu'elle verroit l'Angleterre : elle y aborda, & se rendit à Londres en peu de temps (1). Tous les peuples avoient une grande curiosité de la voir ; les Dames une plus grande allarme de son arrivée. Les Angloises, qui étoient en possession de l'empire de la beauté, la voyoient passer à regret à une étrangere ; & il est assez naturel de ne perdre pas sans chagrin la plus douce des vanités. Un intérêt si considérable fut les unir. Les ennemies furent donc reconciliées, les indifférentes

(1) Madame Mazarin vint en Angleterre au mois de Décembre 1675.

se rechercherent, & les amies voulurent se lier plus étroitement encore. Les confédérées prévoyoient bien leur malheur; mais le voulant retarder, elles se préparerent à défendre un intérêt, qui leur étoit plus cher que la vie. Madame Mazarin n'avoit pour elle que ses charmes & ses vertus: c'étoit assez pour ne rien appréhender. Après avoir gardé la chambre quelques jours, moins pour se remettre des fatigues du voyage, que pour se faire faire des habits, elle parut à White-hall.

Astres de cette Cour, n'en soyez point jaloux,
Vous parûtes alors aussi peu devant elle,
Que mille autres Beautés avoient fait devant vous (1).

Depuis ce jour-là on ne lui disputa rien en public; mais on lui fit une guerre secrette dans les maisons, & tout se réduisit à des injures cachées, qui ne venoient pas à sa connoissance, ou à de vains murmures, qu'elle méprisa. On vit alors une chose extraordinaire: celles qui s'étoient le plus déchaînées contre elle, furent les premieres à l'imiter. On voulut s'habiller, on voulut se coëffer comme elle: mais ce n'étoit ni son habillement, ni sa coëffure; car

(1) Imitation de la chûte d'un Sonnet de Malleville, intitulé LA BELLE MATINEUSE.

sa personne fait la grace de son ajustement : & celles qui tâchent de prendre son air, ne sauroient rien prendre de sa personne. On peut dire d'elle ce qu'on a dit de feue Madame, avec bien moins de raison ; *tout le monde l'imite, & personne ne lui ressemble.*

Pour ce qui regarde les hommes, elle se fait des sujets de tous les honnêtes gens qui la voyent. Il n'y a que le méchant goût & le mauvais esprit, qui puissent défendre contre elle un reste de liberté. Heureuse des conquêtes qu'elle fait ! plus heureuse de celles qu'elle ne fait pas ! Madame Mazarin n'est pas plûtôt arrivée en quelque lieu, qu'elle y établit une Maison, qui fait abandonner toutes les autres. On y trouve la plus grande liberté du monde ; on y vit avec une égale discrétion. Chacun y est plus commodément que chez soi, & plus respectueusement qu'à la Cour. Il est vrai qu'on y dispute souvent ; mais c'est avec plus de lumiere que de chaleur. C'est moins pour contredire les personnes, que pour éclaircir les matieres ; plus pour animer les conversations, que pour aigrir les esprits. Le jeu qu'on y joue est peu considérable, & le seul divertissement y fait jouer. Vous n'y voyez sur les visages ni la crainte de perdre, ni la douleur d'avoir perdu. Le désintéressement va si loin en quelques-uns, qu'on leur reproche de se réjouir de leur perte, & de s'affliger de leur gain.

Le jeu est suivi des meilleurs repas qu'on puisse faire. On y voit tout ce qui vient de France, pour les délicats ; tout ce qui vient des Indes, pour les curieux ; & les mets communs deviennent rares, par le goût exquis qu'on leur donne. Ce n'est pas une abondance qui fait craindre la dissipation : ce n'est point une dépense tirée qui fait connoître l'avarice ou l'incommodité de ceux qui la font. On n'y aime pas une économie séche & triste, qui se contente de satisfaire aux besoins, & ne donne rien au plaisir : on aime un bon ordre, qui fait trouver tout ce que l'on souhaite, & qui en fait ménager l'usage, afin qu'il ne puisse jamais manquer. Il n'y a rien de si bien réglé que cette maison ; mais Madame Mazarin répand sur tout je ne sai quel air aisé, je ne sai quoi de libre & de naturel, qui cache la régle : on diroit que les choses vont d'elles-mêmes, tant l'ordre est secret & difficilement apperçu.

Que Madame Mazarin change de logis, la différence du lieu est insensible : par tout où elle est on ne voit qu'elle ; & pourvû qu'on la trouve on trouve tout. On ne vient jamais assez-tôt ; on ne se retire jamais assez tard : on se couche avec le regret de l'avoir quittée, & on se leve avec le desir de la revoir.

Mais quelle est l'incertitude de la condition humaine! Dans le temps qu'elle jouissoit innocemment de tous les plaisirs que l'inclination recherche, & que la raison ne défend pas ; qu'elle goûtoit la douceur de se voir aimée & estimée de tout le monde ; que celles qui s'étoient opposées à son établissement, se trouvoient charmées de son commerce; qu'elle avoit comme éteint l'amour-propre dans l'ame de ses amies, chacune ayant pour elle les sentimens qu'il est naturel d'avoir pour soi : dans le temps que les plus vaines & les plus amoureuses d'elles-mêmes ne disputoient rien à sa beauté ; que l'envie se cachoit au fond des cœurs ; que tout chagrin contre elle étoit secret ou trouvé ridicule, dès qu'il commençoit à paroître : dans ce temps heureux une maladie extraordinaire la surprend, & nous avons été sur le point de la perdre, malgré tous ses charmes, malgré toute notre admiration, & notre amour. Vous périssiez, Hortence, & nous périssions : vous, de la violence de vos douleurs ; nous, de celle de notre affliction. Mais c'étoit bien plus que s'affliger : c'étoit sentir tout ce que vous sentiez : c'étoit être malade comme vous. Des inégalités bizarres vous approchoient tantôt de la mort, tantôt vous rappelloient à la vie : nous étions sujets à tous les accidens de votre mal ; & pour apprendre de vos nouvelles, il n'étoit pas besoin de demander comment vous étiez, il ne falloit que voir en quel état nous étions.

Loué soit Dieu, ce dispensateur universel des biens & des maux ; loué soit Dieu, qui vous a rendue à nos vœux, & nous a redonnés à nous-mêmes ! Vous voilà vivante, & nous vivons ; mais nous ne sommes pas remis encore de la frayeur du danger que nous avons couru : il nous en reste une triste idée, qui nous fait concevoir plus vivement ce qui arrivera un jour. Un jour la nature défera ce bel ouvrage, qu'elle a pris tant de peine à former. Rien ne l'exemptera de la loi funeste où nous sommes tous assujettis. Celle qui se distingue si fort des autres pendant sa vie, sera confondue avec les plus misérables à sa mort. Et tu te plains génie ordinaire, mérite commun, beauté médiocre ; & tu te plains de ce qu'il te faut mourir ? Ne murmure point, injuste, Hortence mourra comme toi. Un temps viendra ; (ne pût-il jamais venir ce temps malheureux !) un temps viendra, que l'on pourra dire de cette merveille :

Elle est poudre toutefois,
Tant la Parque a fait ses loix
Egales & nécessaires ;
Rien ne l'en a séparer ;

DE SAINT-EVREMOND.

Apprenez, ames vulgaires,
A mourir sans murmurer (1).

A MADAME LA DUCHESSE
MAZARIN.

DUCHESSE en tous lieux adorable,
Dont je ne dois espérer rien,
Ni d'obligeant, ni d'agréable,
Qu'à quelque heure perdue un moment d'entre-
   tien ;
 Duchesse toujours sans égale,
 Si vous avez quelque intervalle,
 Quelque vuide en vos AMADIS,
 Ecoutez ce que je vous dis,
Quand de vos AMADIS un Livre vous occupe,
 Ce seroit bien être la dupe,
Que dans votre amitié disputer quelque part,
 Même au bon-homme Lisuart :
 De prétendre à votre tendresse
 Contre le beau Roger de Gréce,
Ou contre Florisel vous conter ses raisons,
Ce seroit mériter les petites Maisons.
 Ce seroit pareille folie

---

(1) Imitation du Sonnet de Malherbe sur la mort de Monsieur le Duc d'Orléans.

De vouloir avec vous discourir un moment;
 Sur le point qu'Urgande ou Mélie
 Prépare quelque enchantement.
 A troubler une belle idée
 Je n'irai point me hazarder :
 Il feroit bon vous aborder
 Dans votre gloire de Niquée (1) ;
 Ou d'un grave & sérieux ton
 Vous entretenir de morale,
 Quand vous êtes dans une salle
 Du grand Palais d'Apolidon (2) ;
 Vous prendriez pour une injure,
Et des yeux les plus beaux qu'ait formé la nature
 Vous regarderiez de travers
Qui n'admireroit pas la Tour de l'Univers (3).
Ah ! qu'il est mal-aisé de se voir long-temps sage !
A peine on le devient ; quand on l'est une fois
Bien-tôt l'égarement retrouve son usage,
Et ne peut endurer ordre, régles, ni loix.
 De l'assiette la plus parfaite,
 Vous tombâtes dans la Bassette :
 Vous tombez, & c'est dire pis,
 De la Bassette aux AMADIS.
 Quand votre lecture sensée
 Revient en ma triste pensée ;
Grands Auteurs, dis-je alors, dormez ! dormez
 en paix,

(1) Voyez le VIII. Tome d'AMADIS DE GAULE.
(2) Voyez le II. & le IV. Tome d'AMADIS.
(3) Voyez le IX. Tome

Les AMADIS en foule occupent ce Palais.
　　　Je sai que Plutarque & Montagne
Se voudroient rétablir dans leurs conditions :
Mais nous avons du temps à battre la campagne,
Avant votre retour à leurs réfléxions.
　　　Adieu les vieux Sages d'Athéne ;
　　　Il n'est plus de Vertu romaine,
　　　Plus de ces renommés Guerriers,
Sur lesquels vous faisiez remarque sur remarque;
　　　Tous vos ILLUSTRES de Plutarque
　　　Sont convertis en Chevaliers.
Le plus grand favori qu'on m'ait vû dans le monde,
　　　Cervantes, le vôtre jadis,
N'a rien à votre égard où mon espoir se fonde,
　　　Se moquant de vos AMADIS.
Mais il faut se sauver, à ce que vous nous dites.
Vous verrez ; vous verrez, qui seront les premiers
A quitter-là Satan, & ses pompes maudites,
Pour suivre du salut les plus étroits sentiers ;
Vous verrez ; vous verrez, s'il est des Carmelites.
Nous voyons, nous voyons, vos sentimens der-
　　　niers ;
Vous voulez vous sauver avec les bons Hermites,
Et faire bien l'amour avec les Chevaliers.
　　　Je vous adore & vous admire
　　　Dans votre fabuleux empire ;
　　　Au milieu de vos enchantés,
Votre raison maintient encore ses clartés.
Quinze tomes de suite ont conspiré contre elle ;

Seule elle a soutenu cette grosse querelle ;
    Le bon Dieu la veuille appuyer
Contre les six derniers qu'il lui faut essuyer !
Nous n'avons point de vœux à faire pour vos charmes ;
Ce don également fatal & précieux,
D'où naissent nos plaisirs, & d'où viennent nos larmes ;
Ce charme régnera toujours dans vos beaux yeux ;
Auprès de vos appas tout appas est frivole,
Madrid ne vante plus ses attraits les mieux peints ;
Nos Dames de Paris vont perdre la parole,
    De voir que les charmes romains
    Semblent faire du Capitole
    Le destin du cœur des humains.

PARODIE

PARODIE

D'UNE SCENE
DE L'OPERA
DE ROLAND (1).

Sur les Joueurs & Joueuses de Bassette de la Banque de Madame MAZARIN.

ORIANE (2) & MABILE (3),

Joueuses de Bassette dans le vuide de Chevalerie que leur permettent les AMADIS.

ORIANE.

UN charme dangereux en ce lieu nous attire
   Faut-il en détourner nos pas ?
De la Bassette ici l'on trouve les appas ;
   Heureuse qui fuit son empire !

---

(1) La premiere SCENE du second ACTE.
(2) Madame Mazarin.
(3) La Comtesse de Rochester.

MABILE.
Je porte au fond du cœur un funeste martyre ;
Je pers tout si je joue ; & sans jouer, hélas !
  En quel tourment ne suis-je pas ?
Bannirons-nous Morin ? ô tristesse mortelle !
Le premier des Tailleurs, le pouvons-nous ban-
  nir ?
ORIANE.
  Il est criard, chagrin, rebelle.
MABILE.
Après sa perte..... après........ encore le punir ?
  La chose seroit trop cruelle.
D'un trouble violent je me sens agiter,
Et je n'espére point de reméde à mes peines,
Morin dans ces vallons enchanta deux fontaines,
Dont l'une est pour la taille & l'autre fait ponter ;
  Je voudrois avoir de la haine
  Pour la fontaine des Tailleurs.
Hélas ! je cherche en vain à m'amuser ailleurs ;
C'est du temps que je pers, & ma recherche est
  vaine ;
Quand j'y songe le moins mon penchant me ra-
  méne,
  A la fontaine des Metteurs.
ORIANE.
Nous ne guérirons point du mal qui nous posséde
  Il n'est pas en notre pouvoir :
  Et pourquoi chercher le reméde
  Du mal que l'on veut bien avoir ?

MABILE.

Non, je ne cherche plus la Fontaine terrible
Qui fait contre la Taille une haine infléxible,
C'est un cruel secours, je n'y puis recourir :
Je haïssois Morin ? Non, il n'est pas possible,
Par ce reméde affreux je ne veux point guérir ;
   Je consens plûtôt à mourir.

ORIANE *avec un Suivant & une Suivante.*

  Ah ! qu'on doit bien nous plaindre !
 Quand le jeu ne peut nous charmer,
  On tombe au malheur d'aimer !
  Et comme un feu toujours à craindre,
  Il faut de Bassette s'armer,
  Pour le prévenir ou l'éteindre.
  Ah ! qu'on doit bien nous plaindre !
 Quand le jeu ne peut nous charmer,
  On tombe au malheur d'aimer !

MABILE.

Qui ferons-nous tailler ?

ORIANE

   Germain est redoutable ;
Cet homme grave, doux, va toujours à sa fin ;
 Nous pourrons mieux voler Morin.
 La Forêt, apportez la table.

    (*Morin entre.*)

MABILE.

Mettez-vous là, Roi des Tailleurs,
Et n'allez pas jouer ailleurs.

MORIN.

Ze suis prêt à tailler, puisqu'il plaît à ces Dames;
Et dans la vérité ze suis né pour les femmes :
Cependant ze demande à tous une amitié ;
Qu'on ne me parle point de façer à moitié ;
Ze ne ferai zamais ce tort à la Bassette,
Z'aimerois mieux parbleu zouer à la Comette,
Ou perdre mon arzent aux Dez, au Triquetrac,..
D'ailleurs fort serviteur de Monsieur de Saissac ;
Ze le serai touzours, mais sa nouvelle mode,
A ses meilleurs amis le rend fort incommode.

ORIANE.

Taillez, dépèchez-vous.

MABILE.

Que de discours perdus !

MORIN.

Encore un mot ou deux & ze ne parle plus :
C'est le dernier avis, Mesdames, que ze donne ;
Ze prête à qui me plaît, & ne marque personne.

MABILE.

Bel avis à donner à qui ne vous doit rien !

MORIN.

Madame, sacun sait que vous payez fort bien ;
Et ce n'est pas pour vous ; mais..... ze n'en marque
aucune.

ORIANE.

C'est le moyen de faire une belle fortune :
Vous ferez de gros gains à ne marquer jamais;

MORIN.

Ze sais, ou dois savoir, un peu mes intérêts:
Il est vrai que ze pers à ponter, ze l'avoue;
Mais ne pouvant tailler, il faut bien que ze zoue :
Que faire sans zouer ? que peut-on devenir ?
Lire n'est pas mon fait.

ORIANE.

Ni nous entretenir.
Des cartes, La Forêt, je le chasse, ou je meure,
Des cartes......

LA FOREST.

En voilà.

ORIANE.

Mêlerez-vous une heure ?
Qu'attendez-vous, Morin ?

MORIN.

Pas un gros Ponte ici !
Si Roger, Mistris Hews, Mistris Stramford aussi ?
Voilà de quoi former une belle Bassette !
Mais Madame le veut.

ORIANE.

Taillez donc que l'on mette.

MORIN.

Mylord Douvre a paru, puis il s'en est allé ;
Et Mylord Feversham viendra-t-il ? Z'ai taillé.

LETTRE

AU JEUNE DERY (1).

MON cher enfant, je ne m'étonne pas que vous ayez eu jusqu'ici une aversion invincible pour la chose du monde qui vous importe le plus. Des gens rudes & grossiers vous ont parlé brutalement de vous *faire châtrer* : Expression si vilaine & si odieuse qu'elle auroit rebuté un esprit moins délicat que le vôtre. Pour moi, mon cher Enfant, je tâcherai de procurer votre bien avec des maniéres moins désagréables ; & je vous dirai avec tous termes d'insinuation, qu'il faut vous faire adoucir par une opération légere, qui assûrera la délicatesse de votre teint pour long-temps, & la beauté de votre voix pour toute la vie.

Ces guinées, ces habits rouges, ces petits chevaux qui vous viennent, ne sont pas donnés au fils de Monsieur Dery, pour sa noblesse ; votre visage & votre voix les attirent. Dans trois ou quatre ans, hélas ! vous perdrez le mérite de l'un & de l'autre, si vous n'avez la sagesse d'y pourvoir ; &

---

(1) Page de Madame Mazarin, qui chantoit agréablement. Voyez ci dessus, page 5.

la source de tous ces agrémens sera tarie. Aujourd'hui vous parlez aux Rois avec familiarité, vous êtes caressé des Duchesses, loué par toutes les personnes de condition : quand le charme de votre voix sera passé, vous ne serez que le camarade de Pompée (1), & peut-être le mépris de Monsieur Stourton (2).

Mais vous craignez, dites-vous, d'être moins aimé des Dames. Perdez votre appréhension : nous ne sommes plus au temps des imbécilles ; le mérite qui suit l'opération est aujourd'hui assez reconnu ; & pour une Maîtresse qu'auroit Monsieur Dery dans son naturel, Monsieur Dery adouci en aura cent. Vous voilà donc assûré d'avoir des maîtresses, c'est un grand bien, vous n'aurez point de femme, c'est être exempt d'un grand mal : heureux de l'exclusion d'une femme, plus heureux de celle des enfans ! Une fille de Monsieur Dery se feroit engrosser ; un garçon se feroit pendre ; & ce qui est le plus assûré, sa femme le feroit cocu. Mettez-vous à couvert de tous ces malheurs par une prompte opération ; vous demeurerez attaché purement à vous-même ; glorieux d'un si petit mérite, qui fera votre fortune, & vous donnera l'amitié de tout le monde. Si je

(1) Nègre de Madame Mazarin. (2) Page de Madame Mazarin.

vis assez long-temps pour vous voir quand votre voix aura mué, & que la barbe vous sera venue, vous aurez de grands reproches à essuyer. Prévenez-les, & me croyez le plus sincére de vos amis.

SUR LA RETRAITE
DE MONSIEUR LE PRINCE
DE CONDÉ
A CHANTILLY.

STANCES IRREGULIERES.

APRE's avoir réduit mille Peuples divers
Par l'effort glorieux d'une valeur extrême,
 Pour vaincre tout dans ce vaste Univers
Il ne te restoit plus qu'à te vaincre toi-même,
  Le dernier de tes ennemis.
A ta vertu, CONDE', tu t'es enfin soumis,
Tu n'étois pas encor au comble de ta gloire,
Senef, Lens, & Fribourg, & Nortlingue, &
  Rocroi,
N'étoient que des degrés pour monter jusqu'à toi:
Le Vainqueur s'est vaincu, c'est la grande vic-
  toire,

DE SAINT-EVREMOND.

Ennemis, ne murmurez plus,
Ce Prince est comme vous au rang de ses vaincus.
Jamais condition mortelle
Ne fut si douce, ni si belle ;
CONDE' le premier des Héros
Unit la gloire & le repos,
Et jouit pleinement de l'heureux avantage
Dont les Dieux ont fait leur partage ;
Tranquille & glorieux
Il vit à Chantilly comme on vit dans les Cieux.

A MADAME LA DUCHESSE MAZARIN.

Nous serions consumés du feu de vos regards,
O belle & charmante personne,
Si la puante odeur de vos vilains Petards
Ne guérissoit le mal que la beauté nous donne (1).
J'en sauve ma raison ; Petard peu diligent,
Huit ou dix jours plûtôt vous sauviez mon argent,
Ma raison reprend sa lumiere,
Et mon cœur, votre prisonnier,
Trouve sa liberté premiere
Dans l'oreille de l'Aumônier.

(1) Madame Mazarin se divertissoit à faire jetter des Petards par son Nègre, & par d'autres petits Garçons

Je pensois vous voir à confesse
En vous voyant à ses genoux,
Et crûs que vous faisiez au bon Dieu la promesse
De ne me voler plus chez vous.
J'admirois comme une merveille
Le repentir de votre cœur,
Et disois en secret, *Seigneur,*
Seigneur, ta grace est sans pareille,
Quand je vous vis couper l'oreille
A votre pauvre Confesseur (1).
Les loix pouvoient bien le proscrire;
De tous les Aumôniers c'est ici le destin;
Mais on veut le laisser pour un plus grand martyre
Chez Madame de Mazarin.

(1) Monsieur de Saint-Evremond entrant un jour dans la chambre de Madame Mazarin, la trouva à genoux aux pieds de M. Milon, qui étoit assis: il ne pouvoit d'abord comprendre ce que c'étoit; mais quand il fut plus près, il vit que Madame Mazarin avoit fait asseoir son Aumônier pour lui percer les oreilles, & qu'elle lui avoit coupé le bout d'une oreille.

REFLEXIONS
SUR
LA RELIGION.

A Considerer purement le repos de cette vie, il feroit avantageux que la Religion eût plus ou moins de pouvoir sur le genre humain. Elle contraint, & n'affujettit pas assez ; semblable à certaines politiques, qui ôtent la douceur de la liberté, sans apporter le bonheur de la sujetion. La volonté nous fait aspirer foiblement aux biens qui nous sont promis, pour n'être pas assez excitée par un entendement qui n'est pas assez convaincu. Nous disons par docilité que *nous croyons* ce qu'on dit avec autorité qu'il nous faut croire : mais sans une grace particuliére, nous sommes plus inquietés que persuadés d'une chose qui ne tombe point sous l'évidence des sens, & qui ne fournit aucune sorte de démonstration à notre esprit.

Voilà quel est l'effet de la Religion, à l'égard des hommes ordinaires ; en voici les avantages pour le véritable & parfait religieux. Le véritable dévot rompt avec la nature, si on le peut dire ainsi, pour se faire des plaisirs de l'abstinence des plaisirs; & dans l'assujettissement du corps à l'esprit, il se rend délicieux l'usage des mortifications & des peines. La Philosophie ne va pas plus loin qu'à nous apprendre à souffrir les maux : la Religion chrétienne en fait jouir ; & on peut dire sérieusement sur elle, ce que l'on a dit (1) galamment sur l'amour :

Tous les autres plaisirs ne valent pas ses peines.

Le vrai Chrétien sait se faire des avantages de toutes choses. Les maux qui lui viennent, sont des biens que Dieu lui envoye : les biens qui lui manquent, sont des maux dont la Providence l'a garanti. Tout lui est bienfait, tout lui est grace en ce monde; & quand il en faut sortir par la nécessité de la condition mortelle, il envisage la fin de sa vie comme le passage à une plus heureuse, qui dure toujours. Tel est le bonheur du vrai Chrétien, tandis que l'incertitude fait une condition malheureuse à tous les autres. En effet, nous sommes presque tous incertains, peu determinés au bien & au mal. C'est un tour & un retour continuel de la nature à la Religion, & de la Religion à la nature. Si

(1) Monsieur de Charleval.

nous quittons le foin du falut pour contenter nos inclinations, ces mêmes inclinations fe foulevent bien-tôt contre leurs plaifirs ; & le dégoût des objets qui les ont flatées davantage, nous renvoye aux foins de notre falut. Que fi nous renonçons à nos plaifirs par principe de confcience, la même chofe nous arrive dans l'attachement au falut, où l'habitude & l'ennui nous rejettent aux objets de nos premiéres inclinations.

Voilà comment nous fommes fur la Religion en nous-mêmes : voici le jugement qu'en fait le public. Quittons-nous Dieu pour le monde, nous fommes traités d'impies : quittons-nous le monde pour Dieu, on nous traite d'imbécilles ; & on nous pardonne aufli peu de facrifier la fortune à la Religion, que la Religion à la fortune. L'exemple du Cardinal de Rets (1) fuffira feul à juftifier ce que je dis. Quand il s'eft fait Cardinal par des intrigues, des factions, des tumultes, on a crié contre un ambitieux, qui facrifioit, difoit-on, le public, la confcience, la Religion à fa

---

(1) Jean-François-Paul de Gondi, Cardinal de Rets, & Archevêque de Paris, fi connu durant les Guerres Civiles fous le nom de Monfieur le Coadjuteur. Il mourut en 1679. On a publié fes MEMOIRES. Voyez la BIBLIOTHEQUE hiftorique de la France du Pere le Long ; No. 9597.

fortune : quand il quitte les soins de la terre pour ceux du ciel ; quand la persuasion d'une autre vie lui fait envisager les grandeurs de celle-ci comme des chimeres, on dit que la tête lui a tourné, & on lui fait une foiblesse honteuse de ce qui nous est proposé dans le Christianisme pour la plus grande vertu.

L'esprit ordinaire est peu favorable aux grandes vertus ; une sagesse élevée offense une commune raison. La mienne toute commune qu'elle est, admire une personne véritablement persuadée ; & s'étonneroit beaucoup encore, que cette personne tout-à-fait persuadée pût être sensible à aucun avantage de la fortune. Je doute un peu de la persuasion de ces Prêcheurs, qui nous offrant le royaume des cieux en public, sollicitent en particulier un petit Bénéfice avec le dernier empressement.

La seule idée des biens éternels rend la possession de tous les autres méprisable à un homme qui a de la foi : mais parce que peu de gens en ont, peu de gens défendent l'idée contre les objets; l'espérance de ce que l'on nous promet cédant naturellement à la jouissance de ce qu'on nous donne. Dans la plûpart des Chrétiens, l'envie de croire tient lieu de créance : la volonté leur fait une espéce de foi par les desirs, que l'entendement leur refuse par ses lumiéres (1). J'ai connu des Dévots, qui dans une certaine contrarieté entre le cœur & l'esprit, aimoient Dieu véritablement sans le bien croire. Quand ils s'abandonnoient aux mouvemens de leur cœur, ce n'étoit que zéle pour la Religion ; tout étoit ferveur, tout amour : quand ils se tournoient à l'intelligence de l'esprit, ils se trouvoient étonnés de ne pas comprendre ce qu'ils aimoient, & de ne savoir comment se répondre à eux-mêmes du sujet de leur amour. Alors, *les consolations leur manquoient*, pour parler en terme de spiritualité ; & ils tomboient dans ce triste état de la Vie Religieuse, qu'on appelle *aridité & sécheresse* dans les Couvens.

Dieu seul nous peut donner une foi sûre, ferme, & véritable. Ce que nous pouvons faire de nous, est de captiver l'entendement malgré la répugnance des lumiéres naturelles, & de nous porter avec soumission à exécuter ce qu'on nous prescrit. L'humanité mêle aisément ses erreurs en ce qui regarde la créance : elle se mé-

---

(1) *Il est certain,* dit Monsieur Jurieu, *que l'homme croit cent choses, parce qu'il les veut croire sans aucune raison, & il les veut croire, parce que ses passions y trouvent leur intérêt......... Je crois les Mystéres de l'Evangile, non par conviction, mais parce que je les veux croire, & je les veux croire, parce que je crois que cela est de la derniere importance pour la gloire de Dieu & pour mon salut.* TRAITÉ DE LA NATURE ET DE LA GRACE, pages 224. & 225.

compte peu dans la pratique des vertus; car il est moins en notre pouvoir de penser juste sur les choses du ciel, que de bien faire. Il n'y a jamais à se méprendre aux actions de justice & de charité. Quelquefois le ciel ordonne, & la nature s'oppose: quelquefois la nature demande ce que défend la raison. Sur la justice & la charité, tous les droits sont concertés : il y a comme un accord général entre le Ciel, la Nature, & la Raison.

Que la DÉVOTION *est le dernier de nos* AMOURS.

LA Dévotion est le dernier de nos Amours, où l'ame qui croit aspirer seulement à la félicité de l'autre vie, cherche sans y penser à se faire quelque douceur nouvelle en celle-ci. L'habitude dans le vice est un vieil attachement qui ne fournit plus que des dégoûts ; d'où vient d'ordinaire qu'on se tourne à Dieu par esprit de changement, pour former en son ame de nouveaux desirs, & lui faire sentir les mouvemens d'une passion naissante. La Dévotion fera retrouver quelquefois à une vieille des délicatesses de sentiment, & des tendresses de cœur, que les plus jeunes
n'auroient

n'auroient pas dans le mariage, ou dans une galanterie usée. Une Dévotion nouvelle plaît en tout, jusqu'à parler des vieux péchés dont on se repent; car il y a une douceur secrete à détester ce qui en a déplû, & à rappeller ce qu'ils ont eu d'agréable.

A bien examiner un vicieux converti, on trouvera fort souvent qu'il ne s'est défait de son péché, que par l'ennui & le chagrin de sa vie passée. En effet, à qui voyons-nous quitter le vice, dans le temps qu'il flatte son imagination dans le temps qu'il se montre avec des agrémens, & qu'il fait goûter des délices ? On le quitte lorsque ses charmes sont usés, & qu'une habitude ennuyeuse nous a fait tomber insensiblement dans la langueur. Ce n'est donc point ce qui plaisoit, qu'on quitte en changeant de vie ; c'est ce qu'on ne pouvoit plus souffrir : & alors le sacrifice qu'on fait à Dieu, c'est de lui offrir des dégoûts, dont on cherche à quelque prix que ce soit à se défaire.

Il y a deux impressions du vice sur nous fort différentes. Ce qu'il a d'ennuyeux & de languissant à la fin, nous fait détester l'offense envers Dieu ; ce qu'il a eu de délicieux en ses commencemens, nous fait regretter le plaisir sans y penser ; & de-là vient qu'il y a peu de conversions où l'on ne sente un mélange secret de la douceur du souvenir, & de la douleur de la pénitence. On pleure, il est vrai, avec une pleine amertume, un crime odieux : mais le repentir des vices qui nous furent chers, laisse toujours un peu de tendresse pour eux, mêlée à nos larmes. Il y a quelque chose d'amoureux au repentir d'une passion amoureuse ; & cette passion est en nous si naturelle, qu'on ne se repent point sans amour d'avoir aimé. En effet, s'il souvient à une ame convertie d'avoir soupiré ; ou elle vient à aimer Dieu, & s'en fait un nouveau sujet de soupirs & de langueurs ; ou elle arrête son souvenir avec agrément sur l'objet de ses tendresses passées. La peur de la damnation, l'image de l'enfer avec tous ses feux, ne lui ôteront jamais l'idée d'un amant : car ce n'est pas à la crainte, c'est au seul amour qu'il est permis de bien effacer l'amour. Je dirai plus. Une personne sérieusement touchée, ne songe plus à se sauver, mais à aimer, quand elle s'unit à Dieu. Le salut, qui faisoit le premier de ses soins, se confond dans l'amour qui ne souffre plus de soins dans son esprit, ni de desirs en son ame que les siens. Que si on pense à l'Éternité dans cet état, ce n'est point pour appréhender les *maux* dont on nous menace, ou pour espérer la gloire que l'on nous promet ; c'est dans la seule vûe d'aimer éternellement, qu'on se plaît à envisager une éternelle durée. Où l'amour a sû régner une fois, il n'y a plus d'autre passion qui subsiste d'elle-même ; c'est par lui qu'on espére & que l'on craint ; c'est par lui que se forment nos joies & nos douleurs : le soupçon, la jalousie, la haine même, viennent insensiblement de son fond ; & toutes ces passions, de distinctes & particulieres qu'elles étoient, ne sont plus, à le bien prendre, que ses mouvemens. Je haïs un vieil impie comme un méchant, & le méprise comme un mal-habile homme, qui n'entend pas ce qui lui convient. Tandis qu'il fait profession de donner tout à la nature, il combat son dernier penchant vers Dieu, & lui refuse la seule douceur qu'elle lui demande. Il s'est abandonné à ses mouvemens, tant qu'ils ont été vicieux ; il s'oppose à son plaisir, si-tôt qu'il devient une vertu. *Toutes les vertus*, dit-on, *se perdent au Ciel, à la reserve de la charité*, c'est-à-dire, *l'amour* ; ensorte que Dieu qui nous le conserve après la mort, ne veut pas que nous nous en défassions jamais pendant la vie.

LETTRE
A UNE
DAME GALANTE,
Qui vouloit devenir dévote.

A Ce que j'apprens, Madame, vous voulez devenir dévote, & j'en rends graces à Dieu de tout mon cœur ; ayant plus besoin dans nos entretiens de la pureté des sentimens que vous allez avoir, que de ceux qui pourroient vous être inspirés dans le commerce des hommes. Je vous conjure donc, comme intéressé avec le Ciel, de prendre une dévotion véritable : & pour rendre votre conversion telle que je la veux, il sera bon de vous dépeindre celle de nos Dames telle qu'elle est, afin que vous puissiez éviter les défauts qui l'accompagnent.

Leur pénitence ordinaire, à ce que j'ai pû observer, est moins un repentir de leurs péchés, qu'un regret de leurs plaisirs : en quoi elles sont trompées elles-mêmes, pleurant amoureusement ce qu'elles n'ont plus, quand elles croyent pleurer saintement ce qu'elles ont fait.

Ces beautés ufées qui fe donnent à Dieu, penfent avoir éteint de vieilles ardeurs, qui cherchent fecretement à fe rallumer ; & leur amour n'ayant fait que changer d'objet, elles gardent pour leurs dernieres fouffrances, les mêmes foupirs & les mêmes larmes, qui ont exprimé leurs vieux tourmens. Elles n'ont rien perdu des premiers troubles du cœur amoureux ; des craintes, des faififfemens, des tranfports : elles n'ont rien perdu de fes plus chers mouvemens ; des tendres defirs, des triftefles délicates & des langueurs précieufes. Quand elles étoient jeunes, elles facrifioient des amans : n'en ayant plus à facrifier, elles fe facrifient elles-mêmes ; la nouvelle convertie fait un facrifice à Dieu de l'ancienne voluptueufe.

J'en ai connu qui faifoient entrer dans leur converfion le plaifir du changement : j'en ai connu qui fe dévouant à Dieu, goûtoient une joie malicieufe de l'infidélité qu'elles penfoient faire aux hommes.

Il y en a qui renoncent au monde, par un efprit de vengeance contre le monde, qui les a quittées : il y en a qui mêlent à ce détachement leur vanité naturelle ; & la même gloire qui leur a fait quitter des Courtifans pour le Prince, les flate fecretement de favoir méprifer le Prince pour Dieu.

Pour quelques-unes, Dieu est un nouvel Amant, qui les console de celui qu'elles ont perdu : en quelques autres, la dévotion est un dessein d'intérêt, & le mystére d'une nouvelle conduite.

Vous en verrez de sombres & de retirées, qui préferent les tartufes aux galans bien faits, quelquefois par le goût d'une volupté obscure. Quelquefois elles veulent s'élever au Ciel de bonne foi, & leur foiblesse les fait reposer en chemin avec les Directeurs qui les conduisent. La dévotion a quelque chose de tendre pour Dieu, qui peut retourner aisément à quelque chose d'amoureux pour les hommes.

J'oubliois à vous parler de certaines femmes retirées, qui se donnent à Dieu en apparence, pour être moins à une mere, ou à un mari. Il y en a de cent façons différentes, & fort peu où ne paroisse le caractére de la femme, soit dans leur humeur, soit dans leur amour.

Pour bien juger du mérite des dévotes, il ne faut pas tant considérer ce qu'elles veulent faire pour Dieu, que ce que Dieu veut qu'elles fassent. Car dans la vérité, toutes les mortifications qu'elles se donnent de leur propre mouvement, sont autant d'effets agréables de leur fantaisie ; & une femme est assez bien payée en ce monde, à qui on permet de faire ce qui lui plaît. Il faut voir comment elles se comportent dans les choses que Dieu exige de leur soumission : & quand elles auront de la régle dans les mœurs, de la modestie dans le commerce, de la patience dans les injures ; alors je serai satisfait de leur dévotion par leur conduite.

Il est assez de dévotes passionnées, qui pensent avoir l'ardeur d'un beau zéle ; il en est peu qui se possédent sagement dans une bonne & solide piété : il en est assez qui sauroient mourir pour Dieu, par les sentimens de l'amour ; il y en a peu qui veuillent vivre selon ses loix, avec de l'ordre & de la raison. Attendez tout de leur ferveur, où il se mêle du déréglement : n'espérez presque rien d'une dévotion, où elles ont besoin d'égalité, de sagesse, & de retenue.

Profitez, Madame, de l'erreur des autres ; & voulant aujourd'hui vous donner à Dieu, faites moins entrer dans votre dévotion ce que vous aimez, que ce qui lui plaît. Si vous n'y prenez garde, votre cœur lui portera ses mouvemens, au lieu de recevoir ses impressions ; & vous serez toute à vous, quand vous penserez être toute à lui.

Ce n'est pas qu'il ne puisse y avoir un saint & heureux ajustement entre ses volontés & les vôtres. Vous pouvez aimer ce qu'il aime ; vous pouvez defirer ce qu'il defire : mais nous faifons ordinairement par une douce & fecrette impulfion, ce que nous defirons de nous-mêmes ; & c'eſt ce qui doit nous rendre plus attentifs, & plus appliqués à toujours agir par la confidération de ce qu'il veut.

Mais pour cela, Madame, ne vous aſſujettiſſez pas à la conduite de ces Directeurs qui vous font entrer en certaines délicateſſes de ſpiritualité, que vous n'entendez point, & qu'ils n'entendent pas le plus fouvent. Les volontés de Dieu ne font pas fi cachées, qu'elles ne fe découvrent à ceux qui les veulent fuivre. Prefque en toutes, vous aurez moins befoin de lumiére que de foumiſſion. Celles qui ont du rapport avec nos defirs, font nettement entendues, & agréablement fuivies : celles qui choquent nos inclinations, s'expliquent aſſez ; mais la nature y répugne, & l'ame indocile fe défend de leur impreſſion.

Je traite avec vous plus férieufement que je n'avois penfé ; & pour finir plus falutairement encore, je defirerois deux chofes de vous, dans la dévotion nouvelle où vous vous engagez penfentement. La premiere eſt, que vous preniez garde de ne porter pas à Dieu votre amour, comme une paſſion inutile, à qui vous voulez donner de l'occupation. La feconde île, que vous ne déguisiez jamais vos animosités, sous une apparence de zéle; & ne persécutiez pas ceux à qui vous voulez du mal, sous un faux prétexte de piété.

DISCOURS.

QUE d'ennuis, de chagrins accompagnent la vie !
Qu'à de tristes malheurs on la voit asservie !
Qu'il nous faut essuyer de peines, de travaux,
Sans compter que chez nous est le fonds de nos maux !
Fâcheux entendement, tu nous fais toujours craindre;
Douloureux sentiment, tu nous fais toujours plaindre;
Funeste souvenir, dont je me sens blessé,
Pourquoi rappelles-tu le mal déja passé (1) *?*
Pourquoi venir encor par de noires images
Affliger nos esprits, & troubler nos courages ?
Nos biens sont en idée, en espoir, en desir;
Posseder ce qu'on veut, est la fin du plaisir.
Le monde nous déplaît, & les lieux solitaires,
En offrant du repos nous cachent des miseres.
D'un esprit inquiet le nouveau sentiment
Dans un autre séjour va changer de tourment;
Et ce trouble dernier, dont l'ame est agitée,

(1) Voyez le Tome II, page 103.

Fait regreter celui qui l'avoit tourmentée.

Les plus voluptueux à la fin sont touchés,
Et toutes les douceurs leur deviennent péchés ;
Tout ce qu'ils ont aimé leur paroît une offense,
Ce n'est que repentir, ce n'est que pénitence :
Les desirs innocens sont pour eux criminels ;
Tout leur prêche l'Enfer & ses feux éternels.

L'autre, de la Vertu hait la triste habitude,
Et ne peut plus souffrir son air fâcheux & rude :
De ses ordres chagrins, de son auſtérité,
Le ſage quelquefois ſe trouve rebuté ;
Comme un autre Brutus, il ſe plaint, il murmure,
Et reproche les maux que pour elle il endure.

Le bizarre, amoureux d'un chimérique honneur,
Se fait un faux devoir contraire à ſon bonheur ;
Il traîne loin des Cours ſa probité ſauvage,
Traitant de corrompus le prudent & le ſage :
Le travers généreux de ſon intégrité,
Ne voit rien qu'infamie, & tout eſt lâcheté :
De ſon indépendance il ſe fait une étude ;
Mais le ſoin d'être libre eſt une ſervitude :
Et qui veut être ſeul à ſe donner la loi,
Farouche pour tout autre eſt eſclave de ſoi.

CATON, cet ennemi de toute tyrannie,
Eſt ſon tyran lui-même en s'arrachant la vie.
Céſar pardonne à tous au ſortir des combats,
Et le cruel Caton ne ſe pardonne pas.
Vaincu, ſur le vainqueur tu prens le droit du crime,

Te rends ton oppresseur, & te fais ta victime :
Tu fais ce que tu crains des volontés d'un Roi,
Et ton ordre, Caton, s'exécute sur toi.

Celui qui de tout faire a la pleine licence,
Ne se tient pas heureux avec tant de puissance :
Il gouverne le monde, & connoît en effet,
Que pouvoir ce qu'on veut, n'est pas un bien
    parfait.

SYLLA, le grand Sylla, ce fier *Maître* de Rome,
Sentoit secretement les foiblesses de l'homme,
Découvrant quelquefois la tristesse d'un cœur,
Ennuyé du pouvoir, & de toute grandeur.
Il se nommoit heureux, s'élevant à l'Empire ;
De se voir absolu, malheureux il soupire ;
Et Dictateur qu'il est, ne songe qu'au moyen
De rentrer dans l'état de simple Citoyen.

Ne tirons pas toujours nos exemples de Rome ;
    Pourquoi les tirer de si loin ?
Quand le sujet nous porte à parler d'un Grand
    homme,
La France en fournira plus qu'on n'en a besoin.
BOURBON, ce fier sujet, ce fameux Connétable,
Aux Dames dédaigneux, aux Maîtres redoutable,
Pour & contre la France également vainqueur,
Au Pape, au Roi funeste, & craint de l'Empereur,
Qui mettoit Rome aux fers, & sans sa destinée
Par un ordre absolu qui l'auroit gouvernée ;
Ce Bourbon autrefois & si brave & si beau,
Laisse un nom inutile & manque de tombeau.

Amassons des tréfors ; une infame avarice ;
Des tréfors amassés fera notre supplice :
Ils nous troublent vivans par le soin d'acquérir,
Et font notre embarras lorsqu'il nous faut mourir.
Le plus riche sujet qu'ait jamais eu la France,
JULE (1) de qui les biens égaloient la puissance
Comme un nouveau Socrate auroit quitté le jour,
S'il avoit sû quitter l'objet de son amour ;
Si l'intérêt du bien qui faisoit sa tendresse,
N'eût mêlé dans sa mort quelque trait de foiblesse.
La clarté du Soleil eut pour lui peu d'appas :
Il craignit peu les maux qui suivent le trépas ;
Et cette éternité qu'un mourant envisage
Vint régler son devoir sans troubler son courage.
Là, dans un plein repos, il put s'entretenir
Des funestes discours d'un affreux avenir ;
L'appareil de la mort le trouva sans allarme,
Il vit couler des pleurs sans jetter une larme :
Si l'amour de l'argent n'avoit sû l'attendrir,
Il eût pû même apprendre aux Anglois à mourir.
A son dernier moment ce fut l'unique chaîne
Dont le cœur attaché se défit avec peine.
Tout ce qu'on peut trouver de rare en l'Univers,
Ce qu'apporte à nos bords le commerce des mers ;
Ce que peuvent tirer les Maîtres de la terre
D'une paix florissante & d'une heureuse guerre ;
Plus riche, plus puissant que nos vieux Souverains.
   Jule l'avoit entre les mains.

(1) Le Cardinal Mazarin.

Mais, inutile fruit d'une fausse prudence !
Qu'êtes-vous devenue, orgueilleuse abondance ?
De tout ce vain amas que voit-on demeuré ?
Hortence a tout perdu sans avoir murmuré.
    CONDE' qui n'eut point de modelle,
    Et qui doit en servir toujours,
Si l'on veut acquérir cette gloire immortelle,
Qui, des siécles futurs, fera tout le discours ;
    Condé, ce grand foudre de guerre :
Sera comme Alexandre un jour enséveli,
    Et n'entendra point sous la terre,
Le bruit que fait un nom dont le monde est rempli.
Un Héros qui n'est plus est peu digne d'envie :
Les vivans sont sujets aux troubles de la vie :
Ils ne séparent point la gloire des malheurs,
Ni l'éclat des vertus des secretes douleurs.
D'une raison tranquille ils ignorent l'usage ;
La douceur du repos est un tourment pour eux ;
Et, si vivre content est le parti du SAGE ;
Vivre dans les travaux pour mourir glorieux,
    Du HEROS est le personnage.

DIALOGUE.

SAINT-EVREMOND, MADAME MAZARIN.

SAINT-EVREMOND.

Demeurez, me disoit Hortence,
Surmontez la tentation.
La surmonter en sa présence ;
Dans le temps que l'impression
Doit avoir plus de violence !
On ne peut ; la commission
Se devoit donner pour l'absence.
Mais quand j'y fais réfléxion,
Son idée a trop de puissance,
Par elle mon émotion
Auroit eu plus de véhémence.
Quand nature & Religion
A mon âge ont fait alliance,
Et qu'il vient de cette union
Remontrance sur remontrance ;
Pour l'exacte observation
Du précepte de continence ;
Alors l'imagination
Laisse à nos sens l'obéissance ;
Et vive en sa rébellion

Prend plaisir à l'extravagance
D'une amoureuse passion.
Telle est, telle est, divine Hortence,
D'un absent la condition,
Qu'il demande votre présence
Pour vaincre la tentation.

MADAME MAZARIN.

Et j'ai besoin de votre absence
Pour vivre sans affliction.
Le matin contre ma défense,
Prendre & lire devant mes yeux
Les Livres que j'aime le mieux ;
A dîné, par un goût de France,
La Poularde aux œufs rejetter ;
Brawn & Venaison détester ;
Vins de Portugal, de Florence,
Pour nous parler toujours de Vins
D'Ay, d'Avenet, & de Reims ;
De plus, avoir dans le silence
Un rire secret & malin ;
Puis d'un ridicule assez fin,
Dont vous possédez la science,
Honorer vos meilleurs amis ;
Croire que tout vous est permis :
Que par une DIVINE HORTENCE,
Et quelque malheureux Ecrit,
Vous gouvernerez mon esprit :
C'est trop, c'est trop de confiance.
Le plus sage quand il est vieux

Dans le commerce est ennuyeux,
Et le plus méchant personnage
C'est d'être vieux sans être sage.
Il faut pourtant vous accorder
Un mérite qui m'a fû plaire;
C'est qu'à mes heures de gronder,
Vous pouviez souffrir & vous taire;
Dans la dispute me céder,
Quand la raison m'étoit contraire,
Et toujours vous accommoder
Discrétement à ma colére.
J'en cherche un propre à succéder
Dans un emploi si nécessaire;
En attendant il faut s'aider,
Comme on pourra de la Douairiere.
  SAINT-EVREMOND.
Oui, je veux bien vous l'accorder,
C'est un fort méchant personnage,
Que d'être vieux sans être sage.
Mais à vos heures de gronder,
Si je puis souffrir, & me taire;
Dans la dispute vous céder,
Quand la raison vous est contraire;
On peut justement décider
Que la belle & *Divine Hortence*
Par la secréte autorité,
Que se donne la Vérité,
Me fait sage sans qu'elle y pense.
Que si je suis au rang des fous,

Ce ne peut être que par elle ;
Conserver sa raison en la voyant si belle,
Seroit une vertu trop au-dessus de nous.

SUR LA MORT
DE
CHARLES SECOND (1).

STANCES IRREGULIERES.

N'ATTENDEZ pas de moi ces merveilles étranges,
Dont les faiseurs de Vers composent leurs louanges;
On ne me verra point recourir au Soleil
Pour la comparaison d'un Prince sans pareil.

Le Dieu Mars est usé dans les discours de guerre;
Jupiter fatigué de lancer le tonnerre,
Doit rompre tout commerce avecque les mortels,
Et quitter leurs écrits comme ils font ses autels.

Le triste & grand sujet de cette Poësie,
Rejette le secours de notre fantaisie ;

---

(1) CHARLES II Roi d'Angleterre, mourut à Witehall le 16. de Février 1685.

Toute fable l'offense : erreurs & vanités,
Faites place en mes vers aux pures vérités.

CHARLES, CHARLES fut fait pour gouverner
    les hommes,
Comme un Prince doit l'être en ce siécle où nous
    sommes ;
Doux, clément, équitable, au bien toujours
    porté,
Punissant rarement, & par nécessité.

Pour des maux à venir, il ne fut jamais crain-
    dre,
Pour des maux arrivés moins encore se plaindre,
Facile sans foiblesse, & ferme sans effort,
Intrépide en sa vie aussi-bien qu'à sa mort.

Je voudrois oublier ses disgraces passées ;
Je voudrois effacer de mes tristes pensées,
Un misérable état mille fois rebattu ;
Mais couvrir ses malheurs d'un éternel silence,
C'est trahir son mérite, & faire violence
    Aux intérêts de sa vertu.

Qui n'a point admiré la grandeur de courage
Qui le porta cent fois au milieu du carnage,
Dont il fut par miracles à la fin garanti ?
Son salut merveilleux étonne dans l'Histoire,
Et lui fit plus d'honneur que ne fit la victoire

Au chef d'un funeste parti (1).

Le dégoût des tyrans, le repentir du crime,
Les droits & les vertus du Prince légitime,
Par des moyens cachés préparoient son retour ;
Et de ce grand succès à tous imperceptible,
Quand les plus pénétrans le croyoient impossible,
 On vit arriver l'heureux jour.

Jour à jamais fameux sur la terre & sur l'onde !
Les peuples, à l'envi, par des cris éclatans
Bénissoient un Monarque où leur bonheur se
   fonde :
La fausse liberté vit achever son temps ;
Et cette factieuse en désordres féconde
Eût cherché dans la foule en vain deux mécontens.

*

Vous, que le Ciel forma d'une humeur vagabonde;
Chercheurs de raretés, curieux importans,
Berniers, il vous falloit venir du bout du monde,
Pour contempler un Prince & ses Sujets contens (2).

---

(1) Charles II. ayant été défait par Cromwel à la bataille de Worcester (le 13. de Septembre 1651.) ne songea plus qu'à se sauver des mains des Parlementaires, qui avoient mis sa tête à prix. Il se déguisa en Paysan, & tâchant de gagner au plûtôt la Mer pour se retirer en France, il fut obligé de passer une nuit entière sur un gros Chêne touffu, sans quoi il couroit risque d'être découvert.

(2) M. Bernier, si connu par ses VOYAGES, & par son ABREGE' DE LA PHILOSOPHIE DE GASSENDI, vint en Angleterre après la mort de Charles II.

Ainsi, CHARLES s'est vû dans le cours de sa vie;
Ou plaint en malheureux, ou bien digne d'envie;
  Au gré d'un destin inégal ;
Ainsi fut & disgrace & faveur peu commune,
Pour apprendre à jouir de sa bonne fortune,
Et pour se faire un bien du souvenir du mal.
Des maux & des périls l'affreuse violence
N'a jamais essayé d'abattre sa constance ,
Que l'on n'ait vû tomber cet inutile effort :
Des pompes, des grandeurs la vanité flatteuse;
Des biens & des plaisirs la jouissance heureuse,
N'ont point changé ses mœurs au changement du
  sort.

Un autre parleroit du *Temple de Mémoire*;
Un autre promettroit de l'*immortaliser* :
Mais CHARLES comme Grand sut acquérir la
  gloire ;
Acquise, comme sage, il sut la mépriser.
Instruit par ses malheurs à gouverner les hommes,
Il s'est fait avec eux un commun intérêt:
Au trône sans orgueil, il sait tout ce qu'il est,
Et de-là, sans mépris, il voit ce que nous sommes.
Je vais dire beaucoup sans beaucoup discourir :
S'il eût été sujet, on l'eût choisi pour maître ;
Pour le bien des Mortels il devoit plûtôt naître,
  Et ne devoit jamais mourir.

SUR LES POEMES DES ANCIENS.

IL n'y a personne qui ait plus d'admiration que j'en ai pour les Ouvrages des Anciens. J'admire le dessein, l'économie, l'élevation de l'esprit, l'étendue de la connoissance : mais le changement de la Religion, du gouvernement, des mœurs, des manieres, en a fait un si grand dans le monde, qu'il nous faut comme un nouvel art pour entrer dans le goût & dans le génie du siécle où nous sommes.

Et certes mon opinion doit être trouvée raisonnable par tous ceux qui prendront la peine de l'examiner. Car si l'on donne des caractéres tout opposés lorsqu'on parle du Dieu des Israëlites & du Dieu des chrétiens, quoique ce soit la même Divinité : si on parle tout autrement du Dieu des batailles, de ce Dieu terrible qui commandoit d'exterminer jusqu'au dernier des ennemis, que de ce Dieu patient, doux, charitable, qui ordonne qu'on les aime : si la création du monde est décrite avec un génie ; la Rédemption des hommes avec un autre : si l'on a besoin d'un genre d'éloquence pour prêcher la grandeur du Pere qui a tout fait ; & d'un autre, pour exprimer l'amour du Fils qui a voulu tout souffrir : comment ne faudroit-il pas un nouvel art & un nouvel esprit, pour passer des faux Dieux au véritable, pour passer de Jupiter, de Cybele, de Mercure, de Mars, d'Apollon, à JESUS-CHRIST, à la Vierge, à nos Anges, & à nos Saints ?

Otez les Dieux à l'antiquité, vous lui ôtez tous ses Poëmes : la constitution de la Fable est en désordre ; l'économie en est renversée. Sans la priere de Thétis à Jupiter, & le songe que Jupiter envoye à Agamemnon, il n'y a point d'ILIADE : sans Minerve, point d'ODYSSE'E : sans la protection de Jupiter, & l'assistance de Vénus, point d'ENEIDE. Les Dieux assemblés au Ciel déliberoient de ce qui devoit se faire sur la terre : c'étoit eux qui formoient les résolutions, & qui n'étoient pas moins nécessaires pour les exécuter, que pour les prendre. Ces chefs immortels des partis des hommes concertoient tout, animoient tout ; inspiroient la force & le courage ; combattoient eux-mêmes ; & à la réserve d'Ajax qui ne leur demandoit que de la lumiere, il n'y avoit pas un combattant considérable qui n'eût son Dieu sur son chariot, aussi bien que son Ecuyer : le Dieu pour conduire son javelot ; l'Ecuyer pour la conduite de ses chevaux. Les hommes étoient de pures machines, que de secrets ressorts faisoient mouvoir; & ces ressorts n'étoient autre chose que l'inspiration de leurs Déesses, & de leurs Dieux.

La Divinité que nous servons est plus favorable à la liberté des hommes. Nous sommes entre ses mains, comme le reste de l'Univers par la dépendance; nous sommes entre les nôtres pour délibérer & pour agir. J'avoue que nous devons toujours implorer sa protection. Lucréce la demande lui-même; & dans le livre où il combat la Providence de toute la force de son esprit, il prie, il conjure ce qui nous gouverne, d'avoir la bonté de détourner les malheurs :

Quod procul à nobis flectat Natura gubernans (1).

Cependant il ne faut pas faire entrer en toutes choses cette majesté redoutable, dont il n'est pas permis de prendre le nom en vain. Que les fausses Divinités soient mêlées en toutes sortes de fictions; ce sont fables elles-mêmes, vains effets de l'imagination des Poëtes. Pour les Chrétiens, ils ne donneront que des vérités à celui qui est la vérité pure; & ils accommoderont

---

(1) LUCRET. *Lib. I.* Voyez le DICTIONNAIRE de M. Bayle, à l'Article du Poëte LUCRECE.

tous leurs discours à sa sagesse & à sa bonté.

Ce grand changement est suivi de celui des mœurs, qui pour être aujourd'hui civilisées & adoucies, ne peuvent souffrir ce qu'elles avoient de farouche & de sauvage en ce temps-là. C'est ce changement qui nous fait trouver si étrange les injures feroces & brutales que se disent Achille & Agamemnon (1). C'est par-là, qu'Agamemnon nous est odieux, lorsqu'il ôte la vie à ce Troyen, à qui Ménélas pour qui se faisoit la guerre, pardonne généreusement. Agamemnon, le Roi des Rois (2), qui devoit des exemples de vertu à tous les Princes & à tous les peuples; le lâche Agamemnon tue ce misérable de sa propre main. C'est par-là, qu'Achille nous devient en horreur, lorsqu'il tue le jeune Lycaon, qui lui demandoit la vie si tendrement. C'est par-là, que nous haïssons jusqu'à ses vertus, quand il attache le corps d'Hector à son chariot, & qu'il le traîne inhumainement au camp des Grecs. Je l'aimois vaillant, je l'aimois ami de Patrocle; la cruauté de son action me fait haïr sa valeur & son amitié. C'est tout le contraire pour Hector. Ses bonnes qualités revien-

---

(1) Dans l'ILIADE, Achille appelle Agamemnon, Sac à Vin, Jeux de Chien, & Cœur de Cerf, c'est-à-dire, Ivrogne, impudent, & poltron.

(2) C'est ainsi qu'Homère le nomme.

nent

nent dans notre esprit : nous le regrettons davantage : son idée devenue plus chere, s'attire tous les sentimens de notre affection.

Et qu'on ne dise point en faveur d'Achille, qu'Hector a tué son cher Patrocle. Le ressentiment de cette mort ne l'excuse point auprès de nous. Une douleur qui lui permet de suspendre sa vengeance, & d'attendre ses armes avant que d'aller combattre ; une douleur si patiente ne le devoit pas pousser à cette barbarie le combat fini. Mais dégageons l'amitié de notre aversion. La plus douce, la plus tendre des vertus, ne produit point des effets si contraires à sa nature. Achille les a trouvés dans le fonds de son naturel. Ce n'est point à l'ami de Patrocle, c'est à l'inhumain, à l'inexorable Achille qu'ils appartiennent.

Tout le monde en demeurera d'accord aisément. Cependant les vices du Héros ne retomberont pas sur le Poëte. Homere a plus songé à peindre la nature telle qu'il la voyoit, qu'à faire des Héros accomplis. Il les a dépeints avec plus de passions que de vertus : les passions étant du fonds de la nature, & les vertus n'étant purement établies en nous que par les lumiéres d'une raison instruite & enseignée.

La politique n'avoit pas encore lié les hommes par les nœuds d'une societé raisonnable; elle ne les avoit pas bien tournés encore pour les autres : la morale ne les avoit pas encore bien formés pour eux-mêmes. Les bonnes qualités n'étoient pas assez nettement dégagées des mauvaises. Ulysse étoit prudent & timide; précautionné contre les périls; industrieux pour en sortir; vaillant quelquefois, lorsqu'il y avoit moins de danger à l'être, qu'à ne l'être pas. Achille étoit vaillant & féroce; & (ce qu'Horace n'a pas voulu mettre dans le caractére qu'il en a donné) se relâchant quelquefois à des puérilités fort grandes. Sa nature incertaine & mal reglée, produisoit des mœurs tantôt farouches, tantôt puériles : tantôt il traînoit le corps d'Hector en barbare; tantôt il prioit la Déesse sa mere en *enfant*, de chasser les mouches de celui de Patrocle son cher ami.

Les manieres ne sont pas moins différentes que les mœurs. Deux Héros animés pour le combat ne s'amuseroient point aujourd'hui à se conter leur généalogie : mais il est aisé de voir dans l'ILIADE, dans l'ODYSSE'E, & dans l'ENEIDE même, que cela se pratiquoit. On discouroit avant que de se battre, comme on harangue en Angleterre avant que de mourir.

Pour les comparaisons, la discrétion nous en fera moins faire : le bon sens les rendra justes; l'invention, nouvelles. Le

Soleil, la Lune, les Etoiles, les Elemens, ne leur prêteront plus une magnificence ufée : les Loups, les Bergers, les Troupeaux, ne nous fourniront plus une simplicité trop connue.

Il me paroît qu'il y a une infinité de comparaifons qui fe reffemblent plus que les chofes comparées. Un Milan qui fond fur une Colombe ; un Epervier qui charge de petits Oifeaux ; un Faucon qui fait fa defcente : tous ces Oifeaux ont plus de rapport entre eux dans la rapidité de leur vol, qu'ils n'en ont avec l'impétuofité des hommes qu'on leur compare. Otez la différence des noms de *Milan*, d'*Epervier*, de *Faucon*, vous ne verrez que la même chofe. La violence d'un *Tourbillon* qui déracine les arbres, reffemble plus à celle d'une *Tempête* qui fait quelque autre défordre, qu'aux objets avec qui on en fait la comparaifon. Un Lion que la faim chaffe de fa caverne ; un Lion pourfuivi par les chaffeurs ; une Lionne furieufe & jaloufe de fes petits ; un Lion contre qui tout un village s'affemble, & qui ne laiffe pas de fe retirer fierement avec orgueil : c'eft un Lion diverfement repréfenté : mais toujours Lion qui ne donne pas des idées affez différentes.

Quelquefois les comparaifons nous tirent des objets qui nous occupent le plus, par la vaine image d'un autre objet qui fait

K ij

mal-à-propos une diversion. Je m'attache à considérer deux Armées qui vont se choquer, & je prens l'esprit d'un homme de guerre, pour observer la contenance, l'ordre, la disposition des Troupes: tout d'un coup on me transporte au *bord d'une Mer que les Vents agitent*, & je suis plus prêt de voir des vaisseaux brisés, que des bataillons rompus. Ces vastes pensées que la Mer me donne, effacent les autres. On me représente *une Montagne tout en feu*, & une *Forêt toute embrasée*. Où ne va point l'idée d'un embrasement ? Si je n'étois bien maître de mon esprit, on me conduiroit insensiblement à l'imagination de la fin du monde. De cet embrasement si affreux, on me fait passer à un *éclat terrible de nues enfermées dans un valon*; & à force de diversions on me détourne tellement de la premiere image qui m'attachoit, que je perds entièrement celle du combat.

Nous croyons embellir les objets en les comparant à des êtres éternels, immenses, infinis, & nous les étouffons au lieu de les relever. Dire qu'une femme est *aussi belle que Madame Mazarin*; c'est la louer mieux que si on la comparoit au *Soleil*; car le sublime & le merveilleux font honneur; l'impossible & le fabuleux détruisent la louange qu'on veut donner.

La vérité n'étoit pas du goût des premiers siécles : un mensonge utile, une fausseté heureuse, faisoit l'intérêt des imposteurs, & le plaisir des crédules. C'étoit le secret des grands & des sages pour gouverner les peuples & les simples. Le vulgaire, qui respectoit des erreurs mystérieuses, eût méprisé des vérités toutes nues : la sagesse étoit de l'abuser. Le discours s'accommodoit à un usage si avantageux : ce n'étoient que Fictions, Allégories, Paraboles ; rien ne paroissoit comme il est en soi : des dehors spécieux & figurés couvroient le fonds de toutes choses ; de vaines images cachoient les réalités, & des comparaisons trop fréquentes détournoient les hommes de l'application aux vrais objets, par l'amusement des ressemblances.

Le génie de notre siécle est tout opposé à cet esprit de Fables & de faux mystéres. Nous aimons les vérités déclareés ; le bon-sens prévaut aux illusions de la fantaisie ; rien ne nous contente aujourd'hui que la solidité, & la raison. Ajoûtez à ce changement du goût, celui de la connoissance. Nous envisageons la nature autrement que les Anciens ne l'ont regardée. Les Cieux, cette demeure éternelle de tant de Divinités, ne sont plus qu'un espace immense & fluide. Le même Soleil nous luit encore ; mais nous lui donnons un autre cours : au lieu de s'aller coucher dans la mer, il va éclairer un autre monde. La Terre immobile autrefois, dans l'opinion des hommes, tourne aujourd'hui dans la nôtre, & rien n'eſt égal à la rapidité de ſon mouvement. Tout eſt changé ; les Dieux, la nature, la politique, les mœurs, le goût, les manieres. Tant de changemens n'en produiront-ils point dans nos ouvrages ?

Si Homére vivoit préſentement, il feroit des Poëmes admirables, accommodés au ſiécle où il écriroit. Nos Poëtes en font de mauvais, ajuſtés à ceux des anciens, & conduits par des régles, qui ſont tombées, avec des choſes que le temps a fait tomber.

Je ſai qu'il y a de certaines régles éternelles, pour être fondées ſur un bon-ſens, ſur une raiſon ferme & ſolide, qui ſubſiſtera toujours : mais il en eſt peu qui portent le caractere de cette raiſon incorruptible. Celles qui regardoient les mœurs, les affaires, les coutumes des vieux Grecs, ne nous touchent guere aujourd'hui. On en peut dire ce qu'a dit Horace des mots. Elles ont leur âge & leur durée. Les unes meurent de vieilleſſe ; *ita verborum interit ætas :* les autres periſſent avec leur Nation, auſſi-bien que les maximes du gouvernement, leſquelles ne ſubſiſtent pas après l'Empire. Il n'y en a donc que bien peu qui ayent droit de diriger nos eſprits dans tous les temps ; & il feroit ridicule de vouloir toujours regler des Ouvrages nouveaux, par des loix éteintes. La Poësie auroit tort d'exiger de nous ce que la Religion & la Justice n'en obtiennent pas.

C'est à une imitation servile & trop affectée, qu'est dûe la disgrace de tous nos Poëmes. Nos Poëtes n'ont pas eu la force de quitter les Dieux, ni l'adresse de bien employer ce que notre Religion leur pouvoit fournir. Attachés au goût de l'antiquité, & nécessités à nos sentimens ; ils donnent l'air de Mercure à nos Anges, & celui des merveilles fabuleuses des Anciens à nos miracles. Ce mélange de l'Antique & du Moderne leur a fort mal réussi : & on peut dire qu'ils n'ont sû tirer aucun avantage de leurs fictions, ni faire un bon usage de nos vérités.

Concluons que les Poëmes d'Homere feront toujours des chefs d'œuvres : non pas en tout des modéles. Ils formeront notre jugement ; & le jugement reglera la disposition des choses présentes.

DU MERVEILLEUX
qui se trouve dans les Poëmes des Anciens.

SI l'on considére le merveilleux des Poëmes de l'antiquité, dégagé des beaux sentimens, des fortes passions, des expressions nobles dont les Ouvrages des Poëtes sont embellis ; si on le considére destitué de tous ornemens, & qu'on vienne à l'examiner purement par lui-même, je suis persuadé que tout homme de bon sens ne le trouvera guéres moins étrange que celui de la Chevalerie : encore le dernier est-il plus discret en ce point, qu'on y fait faire aux Diables & aux Magiciens toutes les choses pernicieuses, sales, deshonnêtes ; au lieu que les Poëtes ont remis ce qu'il y a de plus infâme au ministére de leurs Déesses & de leurs Dieux. Ce qui n'empêche pas toutefois que les Poëmes ne soient admirés, & que les Livres de Chevalerie ne paroissent ridicules. Les uns admirés pour l'esprit & la science qu'on y trouve : les autres trouvés ridicules pour l'imbécillité dont ils sont remplis. Le merveilleux des Poëmes soutient son extravagance fabuleuse par la beauté du discours,

&

& par une infinité de connoissances exquises qui l'accompagnent. Celui de la Chevalerie décrédite encore la folle invention de sa fable, par le ridicule du stile dont il semble se revêtir.

Mais, quoiqu'il en soit, le fabuleux du Poëme a engendré celui de la Chevalerie; & il est certain que les Diables & les Enchanteurs causent moins de mal en celui-ci, que les Dieux & leurs Ministres en celui-là. La Déesse des Arts, de la Science, de la Sagesse, inspire une fureur insensée au plus brave des Grecs (1), & ne lui laisse recouvrer le sens qu'elle lui a ôté, que pour le rendre capable d'une honte qui le porte à se tuer lui-même par désespoir. La plus grande & la plus prude des immortelles favorise de honteuses passions, & facilite de criminelles amours (2). La même Déesse employe toute sorte d'artifices pour perdre des innocens, qui ne devroient se ressentir en rien de son courroux. Il ne lui suffit pas d'épuiser son pouvoir & celui des Dieux, qu'elle a sollicités pour perdre Enée, elle corrompt le Dieu du sommeil, pour endormir infidélement Palinure, & faire ensorte qu'il pût tomber dans la mer, comme cette trahison l'y fit tomber, & l'y fit périr.

(1) Ajax, fils de Telamon. | (2) Junon, dans l'ENEIDE.

Tome V. L

Il n'y a pas un des Dieux, en ces Poëmes, qui ne cause aux hommes les plus grands malheurs, ou ne leur inspire les plus grands forfaits. Il n'y a rien de si condamnable ici-bas, qui ne s'exécute par leur ordre, ou ne s'autorise par leur exemple; & c'est une des choses qui a le plus contribué à former la Secte des Epicuriens, & à la maintenir. Epicure, Lucrece, Pétrone, ont mieux aimé faire des Dieux oisifs, qui joüissent de leur nature immortelle dans un bienheureux repos, que de les voir agissans & funestement occupés à la ruine de la nôtre. Epicure même a prétendu s'en faire un mérite de Sainteté envers les Dieux; & de-là est venue cette Sentence que Bacon a tant admirée : *Non Deos vulgi negare profanum, sed vulgi opiniones Diis applicare profanum* (1).

Or je ne dis pas qu'il faille rejetter les Dieux de nos Ouvrages; moins encore de ceux de la Poësie, où ils semblent entrer plus naturellement que dans les autres :

Ab Jove principium, Musæ.

Je demande autant que personne leur in-

---

(1) Diogene Laërce nous a conservé ce mot d'Epicure. Monsieur de Saint-Evremond se sert ici de la Traduction de Bacon (SERM. FIDEL, *Cap. XVI*); mais en voici une plus literale : *Impius est, non is qui multitudinis Deos tollit; sed is qui multitudinis opiniones Diis adhibet*, DIOG. LAERT. Lib. X. §. 123.

tervention ; mais je veux qu'ils y viennent avec de la sagesse, de la justice, de la bonté, non pas comme on les y fait venir d'ordinaire, en fourbes & en assassins. Je veux qu'ils y viennent avec une conduite à tout regler, non pas avec un déreglement à tout confondre.

Peut-être qu'on fera passer tant d'extravagances pour des Fables & des Fictions, qui tombent dans les droits de la Poësie. Mais quel art, ou quelle science peut avoir un droit pour l'exclusion du bon sens ? S'il ne faut que faire des vers pour avoir le privilége d'exttavaguer, je ne conseillerai jamais à personne d'écrire en prose, où l'on devient ridicule aussi-tôt qu'on s'éloigne de la bienséance & de la raison.

J'admire que les anciens Poëtes ayent été si scrupuleux pour la vrai-semblance dans les actions des hommes ; & qu'ils n'en ayent gardé aucune dans celles des Dieux. Ceux même qui ont parlé le plus sagement de leur nature, n'ont pû s'empêcher de parler extravagamment de leur conduite. Quand ils établissent leur être & leurs attributs, ils les font immortels, infinis, tout-puissans, tout sages, tout bons : mais du moment qu'ils les font agir, il n'y a foiblesse où ils ne les assujettissent ; il n'y a folie ou méchanceté qu'ils ne leur fassent faire.

On dit communément deux choses qui

paroissent opposées, & que je crois toutes deux fort vrai-semblables : l'une, que *la Poësie est le langage des Dieux* ; & l'autre, qu'*il n'y a rien de plus fou que sont les Poëtes*. La Poësie qui exprime fortement les grandes passions des hommes, la Poësie qui dépeint avec une vive expression les merveilles de l'Univers, éleve les choses purement naturelles comme au-dessus de la nature, par une sublimité de pensées & une magnificence de discours, qui se peut appeller raisonnablement *le langage des Dieux*. Mais quand les Poëtes viennent à quitter ces mouvemens & ces merveilles pour parler des Dieux, ils s'abandonnent au caprice de leur imagination, dans une chose qui ne leur est pas assez connue ; & leur chaleur n'étant pas soutenue d'une juste idée, au lieu de se rendre, comme on le croit, tout divins, ils se font *les plus extravagans de tous les hommes*. On n'aura pas de peine à se le persuader, si on considére que leur espéce de Théologie fabuleuse & ridicule, est également contraire à tout sentiment de Religion, & à toute lumiere du bon sens. Il y a eu des Philosophes qui ont fondé la Religion sur la connoissance que les hommes pouvoient avoir de la Divinité par leur raison naturelle. Il y a eu des Législateurs qui se sont dits les interprêtes de la volonté du Ciel, pour établir un Culte religieux sans aucune entremise de la raison. Mais de faire comme les Poëtes, un commerce perpétuel, une societé ordinaire, & si on le peut dire, un mélange des hommes & des Dieux, contre la Religion & la raison, c'est assurément la chose la plus hardie, & peut-être la plus insensée qui fût jamais.

Il reste à savoir si le caractére du Poëme a la vertu de rectifier celui de l'impieté & de la folie. Mais je ne pense pas qu'on donne tant de pouvoir à la force secrette d'aucun charme. Ce qui est méchant est méchant par tout, ce qui est extravagant ne devient sensé nulle part. Pour la réputation du Poëte, elle ne rectifie rien, non plus que le caractére du Poëme. Le discernement ne se dévoue à personne. Il ne trouvera pas bon dans l'Auteur le plus célébre, ce qui effectivement est mauvais : il ne trouvera pas mauvais dans un Ecrivain médiocre, ce qui en effet est bon. Parmi cent belles & hautes pensées, un bon Juge en démêlera une extravagante, qu'aura poussé le génie dans sa chaleur, & qu'une imagination trop forte aura sû maintenir contre des réfléxions mal assurées. Au contraire, dans le cours d'une infinité de choses outrées, ce même Juge admirera certaines beautés, où l'esprit, malgré son impétuosité, s'est permis de la justesse.

L'élévation d'Homere & ses autres belles qualités, ne m'empêcheront pas de reconnoître le faux caractére de ſes Dieux; & cette agréable & judicieuſe égalité de Virgile, qui ſait plaire à tous les eſprits bien faits, ne me cachera pas le peu de mérite de ſon Enée. Si parmi tant de belles choſes dont je ſuis touché dans Homere & dans Virgile, je ne laiſſe pas de connoître ce qu'il y a de défectueux; parmi celles qui me bleſſent dans Lucain pour être trop pouſſées, ou qui m'ennuyent pour être trop étendues, je ne laiſſerai pas de me plaire à conſidérer la juſte & véritable grandeur de ſes Héros. Je m'attacherai à goûter mot-à-mot toute l'expreſſion des ſecrets mouvemens de Céſar, quand on lui découvre la tête de Pompée; & rien ne m'échapera de cet inimitable diſcours de Labiénus & de Caton, quand il s'agit de conſulter, ou de ne conſulter pas l'Oracle de Jupiter Ammon, ſur la deſtinée de la République.

Si tous les Poëtes de l'antiquité avoient parlé auſſi dignement des Oracles de leurs Dieux, je les préférerois aux Théologiens & aux Philoſophes de ce temps-là; & c'eſt un endroit à ſervir d'exemple en cette matiere à tous les Poëtes. Vous voyez dans le concours de tant de peuples qui viennent conſulter l'Oracle d'Ammon, ce que peut l'opinion publique où le zéle & la ſuperſtition ſe mêlent enſemble. Vous voyez en

Labiénus un homme pieux & sensé, qui unit à la sainteté envers les Dieux la considération qu'on doit avoir pour la véritable vertu des gens de bien. Caton est un Philosophe religieux, défait de toute opinion vulgaire ; qui conçoit des Dieux les hauts sentimens qu'une raison pure & une sagesse élevée en peuvent former (1). Tout y est poëtique, tout y est sensé ; non pas poëtique par le ridicule d'une fiction, ou par l'extravagance d'une hyperbole ; mais par la noblesse hardie du langage, & par la belle élevation du discours. C'est ainsi que la Poësie est le langage des Dieux, & que les Poëtes sont sages. Merveille assez grande, & plus grande de ne l'avoir sû trouver dans Homere, ni dans Virgile, pour la rencontrer dans Lucain !

AVERTISSEMENT.

La LETTRE à M. LE MARE'CHAL DE CREQUI *qui suivoit ici, se trouve dans la* VIE *de Monsieur de Saint-Evremond, sur l'année* 1685.

(1) Voyez le IX. Livre de la PHARSALE.

SUR LE GOUVERNEMENT DE JACQUES II.

STANCES IRREGULIERES.

SANS besoin & sans abondance,
J'oserois dire sans desirs,
Je vis ici, dans l'innocence,
Et d'un sage repos je fais tous mes plaisirs.

✱

Non, qu'une triste solitude,
Le silence, l'obscurité,
L'attachement à quelque sombre étude,
Puisse faire ma volupté.

✱

Je ne veux point cacher ma vie;
Au monde d'elle-même elle se cache assez;
Par tout est la retraite où cesse la folie
Des passions, & des soins empressés.

✱

Au milieu de la Cour mon ame retirée
Laisse le faux éclat d'une pompe adorée,
Sans négliger les vrais appas,
De la grandeur qui plaît & qui n'éblouït pas.

✱

Là, d'un esprit sain & tranquille,
Je me fais un plaisir utile,
D'examiner & vices & vertus:
Mais par un changement notable,
Pour le mal indulgent, pour le bien équitable;
Je loue & ne censure plus.

✻

Ici je ne voi rien d'austére
Dont le monde soit rebuté ;
De soi-même important, sans besoin de le faire ;
On donne un air facile à son autorité.

✻

Finesse, artifice, myſtére ;
Détour, vaine subtilité ;
Politique en chose légere,
Ménagée avec gravité ;
Soit à parler, soit à se taire ;
Air de suffisance affecté ;
Tout cela passe ici pour sottise, chimére ;
Fausse imitation de la capacité.

✻

Au temps que le travail se trouve nécessaire ;
Il semble que jamais on n'ait connu plaisir,
Il semble que jamais on n'ait connu d'affaire,
Quand on rentre en commerce aux heures de loisir ;
Ici l'on ne voit rien de cet art ordinaire,
Qui tient aux autres Cours notre espoir en langueur,

Ici l'on ne voit point le Ministre en colére ;
Au refus que l'on fait ajoûter sa rigueur.

La parole est inviolable ;
Ce qui sert à la feinte, & compose la fable,
N'est rien que son perdu dans le vague des airs ;
La parole est ici solide & véritable,
Parmi les vents elle passe les mers,
Et porte son crédit au bout de l'Univers.

On y manque pourtant, mais c'est dans la menace,
Quand des maux annoncés demeurent sans effets ;
La promesse est fidéle à l'égard de la grace,
On n'y manque jamais.

On voit de l'ordre & jamais d'avarice ;
Le bien est fait quand il est mérité ;
Sans rien devoir à l'aveugle caprice,
Vaine grandeur, molle facilité,
On voit par tout un esprit de justice,
Et nulle part de la séverité.

SUR LE JOUR DE LA NAISSANCE
DE LA REINE (1).
STANCES IRREGULIERES.

LE bonheur le plus grand que goûte une mortelle,
C'est de se voir au trône & d'être la plus belle ;
Tout ce que la nature a de plus précieux,
Tout ce que la grandeur a de plus glorieux,
  Est pour la Reine un doux partage,
  Comme un éclatant avantage ;
Eh ! Pourquoi célébrer une nativité ;
Qui marque un an perdu de sa félicité.

   ✻

  O triste, ô fâcheuse pensée !
  Que n'êtes-vous d'ici châssée ?
Que ne suit-on du Temps un insensible cours
Sans jamais remarquer la suite de ses jours ?

   ✻

  Dans notre plus grande jeunesse ;
  Dans la fleur de nos plus beaux ans ;
Tout pas qu'on fait, se font vers la vieillesse,
Il n'en est point qui ne soient importans ;

(1) Marie de Modène, Epouse de Jacques II.

O triste, ô fâcheuse pensée !
Que n'êtes-vous d'ici chassée ?
Que ne suit-on du Temps un insensible cours,
Sans jamais remarquer la suite de ses jours ?

A ce fameux jour de Naissance,
Qui donne à la Cour tant de soins,
Si la Reine pouvoit avoir un an de moins,
J'exhorterois chacun à la réjouissance,
Et ne voudrois pas être exclus
De montrer un essai de ma magnificence ;
Mais puisque ce jour-là fait voir un an de plus,
C'est à ses ennemis à faire la dépense.

Je hais cette nativité :
Hélas ! Pourquoi nous apprend-elle ?
Que la Reine a son temps comme nous limité ?
Non, je la veux croire éternelle,
Je vois cette O DEA CERTE (1)
Qui nous parut plus immortelle
Que la Déesse de beauté.

Sortons, Madame la Duchesse :
Retirons-nous, fendons la presse,
Et vous ferez demain à la Reine un discours
Qu'on lui peut faire tous les jours.

(1) Devise qu'on mit sur les Médailles frappées pour le Couronnement de la Reine.

COMPLIMENT
DE MADAME
LA DUCHESSE MAZARIN
A LA REINE.

Les vertus sans appas ont un air trop sévere ;
Les appas sans vertus ne sont que vanité ;
L'ajustement est difficile à faire,
De l'extrême sagesse à l'extrême beauté ;
Cette merveille extraordinaire,
Une si juste égalité,
Au monde ne se trouve guere :
On la voit pleinement en votre Majesté.
Une estime pure & sincére
N'entre point dans les droits de votre qualité,
Et peut-être êtes-vous la seule qu'on révére,
Sans égard à la dignité :
Tout hommage, devoir, service nécessaire,
S'exige par le rang & par l'autorité ;
Tous les cœurs ont pour vous un respect volontaire,
Qu'ils vous rendent plûtôt qu'à votre Majesté.

✣

ECLAIRCISSEMENT

Sur ce qu'on a dit de la Musique des Italiens (1).

ON m'a rendu de si méchans offices à l'égard des Italiens, que je me sens obligé de me justifier auprès des personnes dont je desirerois l'approbation, & appréhenderois la censure. Je déclare donc qu'après avoir écouté Syphace, Ballarini & Buzzolini avec attention; qu'après avoir examiné leur Chant, avec le peu d'esprit & de connoissance que je puis avoir; j'ai trouvé qu'ils chantoient divinement bien, & si je savois des termes qui fussent au-dessus de cette expression, je m'en servirois pour faire valoir leur capacité davantage.

Je ne saurois faire un jugement assûré des François. Ils remuent trop les passions: ils mettent un si grand désordre en nos mouvemens, que nous en perdons la liberté du discernement, que les autres nous ont laissée pour trouver la sûreté de leur mérite dans la justesse de nos approbations.

_____

(1) Voyez les Réfléxions SUR LES OPERA, Tome III. page 222.

La première institution de la Musique a été faite pour tenir notre ame dans un doux repos ; ou la remettre dans son assiéte, si elle en étoit sortie. Ceux-là sont louables, qui par une connoissance égale des mœurs & du chant, suivent des ordres si utilement établis. Les François n'ont aucun égard à ces principes ; ils inspirent la crainte, la piété, la douceur ; ils inquietent, ils agitent, ils troublent quand il leur plaît ; ils excitent les passions que les autres appaisent ; ils gagnent le cœur, par un charme qu'on pourroit nommer une espéce de séduction. Avez-vous l'ame tendre, & sensible ? Aimez-vous à être touché ? Ecoutez la Rochouas, Baumaviel, Duménil, ces maîtres secrets de l'intérieur, qui cherchent encore la grace & la beauté de l'action, pour mettre nos yeux dans leurs intérêts. Mais voulez-vous admirer la capacité, la science, la profondeur dans les choses difficiles ; la facilité de chanter tout sans étude, l'art d'ajuster la composition à sa voix, au lieu d'accommoder sa voix à l'intention du compositeur ; voulez-vous admirer une longueur d'haleine incroyable pour les tenues, une facilité de gozier surprenante pour les passages ? Entendez Syphace, Ballarini, & Buzzolini, qui dédaignant les faux mouvemens du cœur, s'attachent à la plus noble partie de vous-même, & assujettissent les lumiéres les plus certaines de votre esprit.

A MADEMOISELLE DE L'ENCLOS.
SONNET.

Passer quelques heures à lire,
Est mon plus doux amusement ;
Je me fais un plaisir d'écrire,
Et non pas un attachement.

❋

Je perds le goût de la satire ;
L'art de louer malignement,
Céde au secret de pouvoir dire
Des vérités obligeamment.

❋

Je vis éloigné de la France
Sans besoin & sans abondance,
Content d'un vulgaire destin ;

❋

J'aime la vertu sans rudesse,
J'aime le plaisir sans mollesse ;
J'aime la vie, & n'en crains pas la fin.

SUR LES VAINES OCCUPATIONS
DES SAVANS
ET DES
CONTROVERSISTES.
STANCES IRREGULIERES.

JE voudrois que l'ignorance,
S'exposât moins hardiment;
Je voudrois que la science
Se montrât discrettement,
Avec moins de suffisance
Et plus de discernement.

✱

Vieillir crasseux sur un livre,
C'est être mort en vivant;
Pour le temps où tu dois vivre,
Sois plus sage que savant.

✱

Peut-on passer tout son âge
Dans une profession,
Qui met son ambition
A rétablir un passage;

Et souvent gâte l'ouvrage
Par la restitution ?

✱

On dispute si Neptune,
A la BARBE *bleue* ou *brune :*
S'il ne seroit pas plus beau,
De la faire *couleur d'eau.*

✱

Un Critique sédentaire,
Occupe tout son loisir
A rendre une chose claire,
Qui ne fait aucun plaisir.

✱

Que Heinsius trop avide,
Pour ses NOTES sur Ovide,
Ait dévoré, tout confus,
Huit cent volumes & plus (1).

✱

Du vieil habit de Carthage,
Des Philosophes porté,
Si nos Moines ont l'usage,
Quel fruit ! Quelle utilité !

✱

O personnes fortunées
Comme on voit Madame Herval ?
Que laissent les destinées

---

(1) M. Heinsius dit un jour à M. de S. Evremond qu'il avoit lû plus de huit cens Volumes, pour faire ses NOTES sur Ovide.

Dans un repos sans égal,
N'entendant en cent années,
Ni Perse, ni Juvenal !

❋

Que ces gens ont bonne grâce
Qui vont en chaque maison,
Pleins de Terence & d'Horace,
En parler hors de saison !
Ils ne font point de visite
Sans chercher des Auditeurs,
Qui leur fassent un mérite,
De celui des vieux Auteurs.

❋

Un esprit sec & stérile,
Sans fonds & sans agrément,
Sous Homere & sous Virgile,
Se cache fort prudemment :

❋

Mais en quitant leur génie,
Lorsqu'au sien il est rendu ;
Quand il perd leur compagnie,
Tout son mérite est perdu.

❋

Pourquoi lasser une presse,
D'Ecrits de Religion ?
Voit-on de Prêche & de Messe,
Finir la division ?

❋

La Tradition résiste
Au plus fort Controversiste ;
Et sans l'emploi du Dragon,
Personne aujourd'hui n'ignore
Que subsisteroit encore
L'Ecriture à Charenton.

De Meaux, Arnaud & Nicole,
Par écrit & par parole,
Ne venant à bout de rien ;
On ne voulut plus attendre ;
Et Louvois, comme Alexandre,
Coupa le nœud gordien.

La Raison honnête & bonne
Civile à toute personne,
Ne prenoit point de parti ;
L'Intérêt par son amorce,
Et le Pouvoir par la force,
Sans son aide ont converti.

La Conscience trompée,
Des droits de ces grands Edits
Que l'on respectoit jadis,
Tomba sous ceux de l'épée.

Par-là, nous voyons sa Foi,
En d'autres pays errante ;

DE SAINT-EVREMOND.

Dans le sien toujours tremblante,
Aux moindres ordres du Roi.

❋

L'intérêt d'une autre vie,
Nous oblige à songer qu'il faut mourir un jour;
Sans défendre à notre envie,
Les plaisirs innocens de ce mortel séjour.

❋

Des biens dont la terre abonde,
Qui peut jouir en santé ?
Celui d'une paix profonde,
Qui la douceur a goûté :
A comme un gage en ce monde,
De l'heureuse éternité.

❋

Quel besoin de jouissance,
En adorant de beaux yeux !
Un Amour si précieux,
Lui-même est sa récompense.

❋

Ajoûtons pour être mieux,
Dant cet état d'innocence,
Que des Vins délicieux,
Nous sont arrivés de France.

SUR LA MORT DE M. LE PRINCE; ET SUR SON CATAFALQUE (1);

STANCES IRREGULIERES.

QUE vous servent, CONDE', ces Tableaux de Batailles?
    Que vous sert ce pompeux orgueil
    De pavillons & de murailles?
Ce chef-d'œuvre nouveau de tristesse & de deuil;
    Tout ce grand art de funerailles,
CONDE', que vous sert-il dans le fond du cercueil?
Des célébres Condoms les ORAISONS FUNEBRES
    Ne perceront point vos ténébres;
    Les Eloges des Bourdaloûs (2);
    Hélas! n'iront point jusqu'à vous.

✣

(1) Le Prince de Condé, mourut le 9. de Décembre 1686.
(2) Le Pere Bourdaloue, Prédicateur ordinaire du Roi a fait l'ORAISON FUNEBRE du Prince de Condé. Ce Jésuite mourut le 13. de Mai 1704.

Vous n'êtes qu'une belle idée
En nos cœurs encore gardée ;
Tout l'être qui vous reste est notre propre bien ;
Hors de nous, vous n'êtes plus rien.

✠

O Mort, ô funeste puissance !
Qui pourra résister à ton cruel effort ?
La valeur n'a point de défense ;
Le sang qu'on respecte si fort,
Ce sang s'oppose en vain l'honneur de la Naissance :
Tout se confond à ton abord !
Le Savoir & l'Intelligence
De la stupidité trouvent le même sort.
O Mort, ô funeste puissance !
Qui pourra résister à ton cruel effort ?
Quand d'une affection aujourd'hui peu commune,
CONDE', l'on s'attachoit à toi ;
Et qu'on se faisoit une loi
De suivre ta vertu plûtôt que ta fortune,
On trouvoit un charme au devoir ;
Et qui servoit le mieux rencontroit son salaire
Dans l'avantage de bien faire,
Et dans le plaisir de te voir.

✠

Quelle est, quelle est ta récompense,
D'avoir causé la décadence
Du grand & vaste Etat qui tenoit l'Univers

Dépendant de sa grace, ou chargé de ses fers(1)!
Quel fruit dans le tombeau, d'avoir contre la
France,
Qui n'attendoit pas ce revers;
Par cent & cent combats divers
Des Flamands abattus protégé l'impuissance ?

✣

Ne nous engageons point au récit des combats;
La tristesse & le deuil ne le permettent pas :
D'ailleurs celui qui put acquérir tant de gloire,
Haïssoit le discours de ses fameux Exploits;
N'importunons point sa Mémoire,
Comme on importunoit sa Personne autrefois.
Le premier des Héros en merveilles étranges (2);
Au bien d'être loué mit son plus doux espoir;
CONDE', qui mérita d'aussi grandes louanges
N'en voulut jamais recevoir.

✣

Telle de leurs esprits étoit la ressemblance;
Telle de leurs exploits étoit l'égalité,
Que nature eut perdu sans cette différence
Le plaisir qu'elle prend dans la diversité.

✣

Son ame finement trompée
D'un tour ingénieux quelquefois se flattoit;
A peine la louange étoit développée,
Que l'air de vanité soudain le rebutoit.

✣

(1) L'Espagne. (2) Alexandre.
Sensible

Sensible à tout plaisir, ennemi de tout crime,
>Souvent fier; jamais orgueilleux:
>Charmé du grand & du sublime;
>Ennemi du faux merveilleux.

❋

La gloire, le repos, la grandeur, l'innocence
Etoient à Chantilly dans un parfait accord;
Les talens opposés quittant leur répugnance,
Commençoient à former entr'eux un doux rapport.

❋

>Toute sorte de connoissance;
>Tout ouvrage étoit du ressort
>De cette vaste intelligence:
>Mais, hélas ! Le foible support
>Qu'une si haute suffisance
>Contre l'attaque de la Mort !

Tout finit, tout finit : CONDE' laisse une vie
Des Héros les plus grands, ou l'exemple, ou l'envie.

A MADAME LA DUCHESSE MAZARIN.

Horace amoureux de son bois
Et de sa petite campagne,

S'écrioit, d'un ton villageois,
O Champs, que la paix accompagne !
Quand pourrai-je vous voir & goûter à loisir
D'un séjour innocent le tranquille plaisir ?

Puisque vous m'ordonnez, Hortence,
De vous parler des Champs, voici ce que j'en
    pense :
 Le séjour en est assez bon,
 Lorsque l'on trouve compagnie,
 Dans une agréable maison
 De toutes choses bien fournie :
 Et tel est maintenant Windsors,
 Où tout me plaît, où tout abonde,
 Où je lis, je bois, mange, dors,
Et vois à mon réveil *la plus belle du monde.*
 Mais dès que vient le mauvais temps,
 Windsor est bien sujet aux vents.
 Déja la nature malade
 Rend le plaisir des champs bien fade ;
 Nous voyons les feuilles tomber,
Et le verd à nos yeux prêt à se dérober.
 Pour cette lugubre verdure
  D'ifs, de lauriers, houx & sapins,
  Dont la couleur tout l'hyver dure,
Que les faux curieux en ornent leurs Jardins :
 Je ne veux, durant la froidure,
 Que de grands feux & de bons vins,
 Retournons à la bonne Ville
 En toutes choses si fertile :

Voyons les Huîtres arriver,
Voici le mois qu'il faut crever (1).

A LA MESME.

QUAND je songe au respect que j'eus toujours
    pour vous,
Je ne puis deviner d'où vient votre courroux :
Qu'ai-je fait ? Qu'ai-je dit ? Quel peut être le
    crime
Qui contre un serviteur fidéle vous anime ?
    Autrefois j'étois caressé,
    Vous me consultiez sur l'Etude ;
    Maintenant votre esprit blessé
    Vous fait dire d'un ton bien rude :
    " Allez, allez à d'autres gens
    " Porter *Honnête homme & bon sens* ;
    " Jargon aux François ordinaire,
    " Que les Savans n'approuvent guére :
    " Allez avec votre fausset,
    " Chanter les Airs du vieux Boisset ;
    " Et lorsque vous serez à table,
    " Plus dégoûté que délicat.
    " Ne voyez servir aucun plat,
    " Que vous ne trouviez détestable ;

---

(1) C'est-à-dire, le mois de Septembre. Voyez ci-après, la *Lettre à Madame Mazarin*, qui suit le *Parallele* de M. le Prince & de M. de Turenne.

» Ou dont vous ne mangiez au moins à contre-
» cœur.
» Si l'on n'en mangeoit pas chez votre Comman-
» deur (1).
» Puissiez-vous conserver pour votre pénitence,
» Toujours le goût François sans jamais être en
» France !
    Surpris du mauvais traitement,
    Je cherchois inutilement,
    Ce qui m'attiroit tant d'injure ;
    Lorsqu'à la fin, par aventure,
    M'étant tourné vers un miroir,
    Où Loupe & Rides se font voir,
Où j'ai peine à souffrir moi-même mon image,
    Je me suis dit avec douleur ;
On n'est point innocent avec un vieux visage,
    Dont les traits effacés font peur ;
Vieillard, ne cherche pas ton crime davantage.

(1) Le Commandeur de Souvré.

DIALOGUE.

SAINT-EVREMOND, MORIN.

SAINT-EVREMOND.

Tout est perdu, Morin, la maudite MAR-
  QUISE (1),
Si Dieu n'y met la main, va vous mettre en che-
  mise,
On n'oseroit parler de Bassette un moment,
Tout est *Lune*, *Soleil*, *Cercle*, *Orbe*, *Firmament*,

MORIN.

Ze n'entens plus que des sornettes :
Que veut-on avec ces Planettes ?
Qui vont ruiner la Banque ? On verra ce que c'est
De n'avoir plus de banque, & de quel intérêt...

SAINT-EVREMOND.

Pour moi je n'ai pas vû faire grande fortune
  Dans le commerce de la Lune.

---

(1) M. de Saint-Evremond écrivit ce Dialogue en 1686. dans le temps que les ENTRETIENS SUR LA PLURALITÉ DES MONDES de M. de Fontenelle commençoient a paroître. Madame Mazarin étoit charmée de cet Ouvrage : elle en faisoit le sujet ordinaire de la conversation, & affectoit même de se servir de quelques termes d'Astronomie, devant Morin, le plus ignorant de tous les hommes.

MORIN.

Cette belle Duchesse à qui l'on fait la cour,
Pourroit bien s'en trouver Madame d'Arzen-
  court,
Quand ze voi préférer tant de folles Planettes
    A de bonnes Baſſettes,
    Z'ai fort meſſante opinion.....
Ecoutez, ze vous prie; un peu d'attention;
Ze vais vous raconter une foſe plaiſante:
Ze me trouvois hier dans mon humeur zouante;
Quoique pourtant mon œil me fiſt un peu de mal,
Zetons pour de l'arzent, n'eſt pas un ſanze égal,
Ainſi ze ne voulois de Zetons, ni de Fiſſes,
    Ni même zouer fort long-temps:
Pas long-temps, dit Madame, *ignorez-vous les*
    Fixes,
Qui n'achevent leur tour qu'en vingt-&-cinq mille
    ans?
Oui vingt-&-cinq mille ans, j'aime telle repriſe.

SAINT-EVREMOND.

    Liſez une fois la MARQUISE,
    Et rien ne vous étonnera
    De tout ce que l'on vous dira.

MORIN.

    Z'ai perdu ma premiere femme,
    Z'ai perdu deux fois tout mon bien;
Z'ai perdu quinze fois le Valet & la Dame;
(Mylord Douvre en étoit, & n'en ſait encore
    rien).

Malade un mois plus que perſonne,
Zuzez par-là ſi ze m'étonne.
SAINT-EVREMOND.
Ces vingt-&-cinq mille ans vous ſurprennent un peu!
MORIN.
Ne connois-ze pas bien que cela n'eſt qu'un zeu ?
Madame Mazarin aime un conte pour rire :
Ecoutez ; la ſuite eſt bien pire.
SAINT-EVREMOND.
Eſt-ce un fâcheux événement ?
MORIN.
Aſſez fâſſeux aſſûrément :
La Banque perdoit tout, nos deux ſacs étoient
vuides :
Tout eſt en mouvement, & les Cieux ſont fluides,
Dit un impertinent, à quatre pas de moi :
Si ze n'avois été dans la Maiſon du Roi (1),
Ze vous puis aſſûrer que ſa liqueur céleſte,
Me l'eût payé de reſte.
SAINT-EVREMOND.
Vous êtes, à ce compte, aſſez maître de vous.
MORIN.
Il eſt des lieux ſacrés où l'on ſait filer doux.
SAINT-EVREMOND.
Mais cela ſe faiſoit par ordre de Madame.
MORIN.
Ze m'en apperçûs bien, & z'enrazois dans l'ame ;
D'entendre certains mots de conzuration,

(1) White-hall.

Que l'on donne aux Sorciers dans leur commu‑
nion ;
Essentrix, *Paralax*, d'autres mots effroyables.....
Pour moi ze n'aime pas le commerce des Diables.
SAINT-EVREMOND.
Vous a-t'on point nommé quelques-uns des Sor‑
ciers ?
MORIN.
L'on en nomma beaucoup ; voici les deux pre‑
miers
Si ze m'en souviens bien ; *Systême* & *Tolomée :*
Z'ai connu le dernier quand on zouoit POMPE'E,
Floridor l'a représenté ;
Aussi n'en fuz-ze pas beaucoup épouvanté.
Un vilain Copernic, leur feval de bataille,
Venoit à tout moment interrompre la taille :
Les Thico, les Brahé se mettoient sur les rangs :
D'autres, par-ci par-là, sorciers moins importans,
Moi ! ze ne suis pas plus escrupuleux qu'un autre,
Manzeur de Crucifix, diseur de Pate-notre,
Mais nous sommes Chrétiens ; & zamais de tels
noms,
Ne devroient, ce me semble, entrer dans nos mai‑
sons.
Vous riez ; croyez-moi, que sur sose pareille
Il seroit assez bon de voir Monsieur d'Aubeille (1).
Z'avouerai franchement que z'étois libertin
Avant que d'être époux de Madame Morin ;

(1) Jésuite, Aumônier de M. de Barillon.

Auzourd'hui ni Voisin, ni Saze, ni MARQUISE;
Comme un simple bourzeois ze m'en vais à l'é-
    glise ;
Ze fais avant le Zeu le Signe de la Croix.
Et si ze n'ai zamais pû gagner une fois.
Contre la Banque & moi la Mazie est bien forte !
Mais cela reviendra ; nous perdons, il n'importe ;
Ze me suis vû plus mal, ze me suis vû plus bas.
Comme ze vous disois, ze ne m'étonne pas.

SAINT-EVREMOND.

Monsieur, Monsieur Morin, souffrez que je vous
    die,
Que ces étranges mots, sont mots d'Astronomie.
Madame Mazarin nous intéresse tous,
    Dans l'ardeur dont elle est éprise
    Pour cette nouvelle MARQUISE;
    Et je n'y pers pas moins que vous.
    Vous perdez à toute reprise,
Et je pers du diner le plaisir le plus doux,
    Pendant que notre *Terre roule* :
    Que la *Lune est en mouvement* :
    Que le *Ciel est fluide* & *coule* ;
Qu'à *l'entour du Soleil tout tourne incessamment* ;
    Nous ne festons aucune poule (1).
Et le Doyen se plaint de ce grand changement.

---

(1) Monsieur Saumarés Doyen de Gernezey, & Chanoine de Windsor, chez qui Madame Mazarin logeoit quand la Cour étoit à Wind-sor, avoit accoutumé de dire lorsqu'il avoit bien bû : J'ai bien fissé mes poules auzourd'hui.

ŒUVRES DE M. MORIN.

Personne ici ne s'intéresse
Plus que moi pour notre Duſſeſſe,
Belle, aimable, de grand eſprit !
Que n'en avez-vous pas écrit !
Auſſi, faut-il une cuiſine ?
(Dont ma femme eſt aſſez ſagrine :)
Faut-il un pizeon, ou lapin ?
A-t'on beſoin d'une poularde,
De quelque perdrix qui ſe larde :
Qu'on aille vîte ſez Morin :
Cependant quand on voit Madame ;
Madame rit, Madame pâme :
Verez, Meſſieurs, venez tous voir,
Qvel viſage a Morin ce ſoir :
Quel tein ! Voyez, ze vous en prie ;
Ma foi c'étoit apoplexie :
Sonzez, Morin, au teſtament,
Z'aime fort qu'un mourant me laiſſe ;
Dépêchez-vous, car le temps preſſe,
Morin, vous pourriez bien mourir ſubitement.
Voilà toute la récompenſe,
De mes honnêtetés & de ma complaiſance,
Qui va ſouvent juſques au cas
De voir paſſer ſa Carte & ne la prendre pas.
A propos de notre Magie.....

SAINT-EVREMOND.

Ce n'eſt Magie aucunement.
Ce ſont termes d'Aſtrologie.

DE SAINT-EVREMOND.

MORIN.

Vous m'oblizez senfiblement:
L'Astrolozie est bonne aux pastres,
Propres à regarder les Astres:
Qu'on n'attende pas de Morin,
Pour observer le Ciel, qu'il se leve si matin;
Ze sai gouverner une Banque;
Tenir maison où rien ne manque;
Au moindre mal avoir sez moi,
Trois Médecins comme le Roi:
Non pas de ces coureurs de province en province;
Ze voi le Docteur Lower (1), & suis malade en Prince.
La Lecture n'est pas mon fait;
Un autre en sera satisfait:
Mais qu'on s'informe, que l'on sache
De Gautier (2), de Madame Harrache (3);
Lequel ils estiment le plus
De Morin ou de Vossius ?

SAINT-EVREMOND.

De Savans aujourd'hui toute la terre abonde,
Mais il n'est qu'un Morin au monde.

(1) Richard Lower, si connu par son Traité de Corde, le plus habile Médecin qu'il y eût alors a Londres. Il mourut le 27. de Janvier 1691.

(2) Marchand de Vin.
(3) Femme d'un Orfévre François.

A M. LULLI.

A Lulli seul le Monde est redevable
De l'Opera dont on est enchanté ;
Rome n'a rien qui lui soit comparable,
Et tout Venise en est déconcerté.
Il nous réduit à chercher dans la Fable,
Un Demi-Dieu dont le charme est vanté ;
Là son Orphée, à jamais vénérable,
Demande au Ciel pour sa félicité,
Que par Lulli, ce maître inimitable,
Soit son mérite & décrit, & chanté.
Si ce qu'on dit d'Orphée est véritable,
Il sut fléchir une Divinité,
Jusques alors trouvée inéxorable :
A son retour du lieu tant redouté,
Et l'ours affreux & le tigre implacable,
Se dépouilloient de leur férocité ;
L'arbre qu'on vit le plus inébranlable,
Perdant alors son immobilité,
Suivoit Orphée ; à son Chant lamentable,
Il n'étoit plus d'insensibilité.
L'accent plaintif d'un amant misérable,
Par les échos tendrement répété,
A sa douleur rendoit tout pénétrable,
Un deuil lugubre avoit tout infecté ;

L'air du malheur rendu communiquable,
De sa noirceur avoit tout attristé ;
Tout s'affligeoit avec l'inconsolable.
  On t'auroit vû bien plus de fermeté
Que n'eut Orphée en son art déplorable.
Perdre sa Femme est une adversité ;
Mais ton grand cœur auroit été capable,
De supporter cette calamité.
En tout, Lulli, je te tiens préférable,
Et chaque jour qu'on a représenté,
N'as-tu pas fait chose plus incroyable,
Que le miracle en mes vers raconté ?
Lorsqu'il te plaît, un rocher pitoyable,
Se fond en pleurs malgré sa dureté ;
Le vent te prête un silence agréable,
Des fiers torrens le cours est arrêté ;
Lorsqu'il te plaît, un sommeil favorable,
Donne aux tourmens le repos souhaité ;
Et qui posséde une douceur aimable,
Est, si tu veux, aussi-tôt agité.
Dans nos périls vient un Dieu secourable ;
  De nos péchés un autre est irrité :
  Pluton te sert de son gouffre effroyable ;
  Les Cieux ouverts selon ta volonté,
  Nous laissent voir le palais adorable,
  Où Jupiter régne en sa majesté.
  D'Orphée & de Lulli le mérite est semblable ;
Je trouve cependant de la diversité,
Sur un certain sujet assez considérable ;

Si Lulli quelque jour descendoit aux Enfers
Avec un plein pouvoir de graces & de peines,
Un jeune Criminel sortiroit de ses fers,
Une pauvre Euridice y garderoit ses chaînes.

LETTRE
A MADAME LA DUCHESSE
MAZARIN.

JE suis trop discret, pour vous demander des approbations, & vous êtes trop judicieuse pour m'en donner : mais comme le chagrin de l'humeur se mêle à l'exactitude des jugemens, je vous supplie, Madame, que je ne sois pas censuré généralement sur tout ce que je fais. Si je parle, je m'explique mal : si je me tais, j'ai une pensée malicieuse : si je refuse de disputer, ignorance : si je dispute, opiniâtreté ou méchante foi : si je conviens de ce qu'on dit, on n'a que faire de ma complaisance : si je suis d'une opinion contraire, on n'a jamais vû d'homme plus contrariant. Quand j'apporte de bonnes raisons, Madame hait les raisonneurs : quand j'allegue des exemples, c'est son aversion : sur le passé je suis un faiseur de vieux contes ;

sur le présent on me met au nombre des radoteurs ; & un *Prophéte Irlandois* (1) seroit plûtôt crû que moi sur l'avenir.

Comme toutes choses ont leur temps, la conversation finit & le jeu commence, où si je pers, je suis une dupe ; si je gagne, un trompeur ; si je quitte, un brutal. Veux-je me promener ? J'ai l'inquiétude des jeunes gens : le repos est un assoupissement de ma vieillesse. Que la passion m'anime encore, on me traite de vieux fou : que la raison regle mes sentimens, on dit que je n'aime rien, & qu'il n'y eut jamais d'indifférence pareille à la mienne. Les contraires me sont également désavantageux : pensant me corriger d'une chose qui vous a déplû, j'en fais une autre opposée, & je ne vous déplais pas moins. Dans la situation où je suis, j'ai appréhension de faillir, je meurs de peur de bien faire : vous ne me pardonnez aucun tort, vous me haïssez quand j'ai raison ; & je me trouve assez malheureux pour m'attirer souvent votre haine.

Voilà, Madame, les traitemens ordinaires que je reçois : voilà ce qui m'a fait desirer votre absence. Mais pour compter trop sur vos chagrins, je n'ai pas songé assez à vos charmes, ni prévû que le plus grand des malheurs devoit être celui de ne vous point voir. J'ai pû vous dire les maux

(1) *Voyez ci-dessus, Tome III. page 71.*

que je souffre auprès de vous : ceux que je sens, lorsque j'en suis éloigné, ne s'expriment point. Ma douleur est au-dessus de toute expression :

Non je ne parle point, Madame, mais je meurs (1).

J'ai fini ma lettre en mourant : mais les Vers ont un charme pour faire revivre ceux que vous faites mourir. La premiere chose que je fais, Madame, c'est de vous supplier d'avoir un peu moins de rigueur pour moi, dans la nouvelle vie que je vais mener auprès de vous. Partagez la sévérité de votre justice ; qu'il en tombe une partie sur Monsieur de Villiers ; que *Dominé* (2) n'en soit pas exempt : que la bonne Lot n'en sauve pas la régularité de ses égards domestiques ; que les Princes & les Mylords soulagent quelquefois la Noblesse ; & qu'enfin, Madame, je ne sois pas seul à ressentir vos coléres, pour assûrer des douceurs & des honnêtetés aux autres :

Revenez cependant, soit douce, soit cruelle,
Vous reviendrez toujours du monde la plus belle ;
Et dûssiez-vous encor contre moi vous aigrir,
   J'aime mieux vous voir & souffrir.

(1) Corneille.
(2) M. Milon, voyez ci-dessus, page 82.

Sur la Verdure qu'on met aux Cheminées en Angleterre.

Faut-il avant que la nature,
Ait chassé de l'hyver la froide obscurité,
 Mettre au foyer une verdure,
Qui tiendroit lieu de glace au milieu de l'été (1) ?
 Frais ornement de Cheminée,
 Vous vous précipitez un peu ;
Retournez au marais, herbe, où vous êtes née,
Et jusqu'au mois de Juin laissez régner le feu.
Perdre le goût de l'huître & du vin de Champa-
 gne,
Pour revoir la lueur d'un débile soleil,
Et l'humide beauté d'une verte campagne
N'est pas, à mon avis, un bonheur sans pareil.
La faveur de la Marne, hélas ! est terminée,
 Et notre montagne de Rems
 Qui fournit tant d'excellens vins
A peu favorisé notre goût cette année.
 O triste, ô pitoyable sort !
Faut-il avoir recours aux rives de la Loire ;
 Ou pour le mieux, au fameux Port,

_____
(1) En Angleterre, lors | les foyers de fleurs, ou de
que le froid est passé & qu'on | branches d'eglantier, &c.
ne fait plus de feu, on garnit |

Dont Chapelle nous fait l'histoire (1)?
Faut-il se contenter de boire,
Comme *tous les Peuples du Nord?*
Non, non, quelle heureuse nouvelle!
Monsieur de Bonrepaux arrive, il est ici;
Le Champagne pour lui toujours se renouvelle,
Fuyez Loire, Bourdeaux, fuyez Cahors aussi.

DIALOGUE

Sur l'absence de Madame MAZARIN; *qui étoit partie de Windsor pour aller à Londres avec Monsieur de* BONREPAUX.

SAINT-EVREMOND, MONSIEUR L'AMBASSADEUR (2).

SAINT-EVREMOND.

CHACUN, abandonné purement à lui-même,
Sent un besoin secret qu'il ne peut exprimer.

M. L'AMBASSADEUR.

On a besoin de ce qu'on aime,
Par ce *besoin secret* c'est assez la nommer.

---

(1) Voyez le VOYAGE DE BACHAUMONT & LA CHAPELLE.
(2) M. de Barillon.

SAINT-EVREMOND.
Elle est partie, elle s'en est allée,
Elle a laissé sa Maison désolée.
M. L'AMBASSADEUR.
Objet si cher, si précieux
Qui vous retient éloigné de nos yeux !
SAINT-EVREMOND.
Celui qui couvriroit les plaines azurées,
De cent & cent vaisseaux divers,
Qui tient nos côtes assurées,
Et conduit sagement le commerce des mers (1) :
Seroit-il devenu Pirate,
Ce maître de nos matelots ;
Pour enlever d'ici le seul bien qui nous flatte,
Et le commettre ensuite à la merci des flots ?
M. L'AMBASSADEUR.
Où va de vos soupçons l'injuste extravagance ?
Plus on auroit d'amour on auroit d'innocence
Par un excès de zèle, à force de servir,
Par cette même violence
Qu'on emporte le Ciel, on songe à la ravir.
SAINT-EVREMOND.
Est-ce que son Epoux auroit quitté la terre,
Pour aller plaider dans les Cieux,
Et mettre en jugement le maître du tonnerre,
Afin d'être payé du service pieux,
Rendu dans une sainte guerre,
Que fit à tout plaisir son esprit ennuyeux ?

(1) M. de Bonrepaux étoit Intendant de la Marine.

M. L'AMBASSADEUR.

» Je vivrai, *dit l'Epoux*, en dépit de l'envie;
» La bonne Justice, aux dépens
» De ma femme & de mes enfans,
» Me rendra des arrêts tout le temps de ma vie;
» Le Procès est de droit divin;
» Le Ciel nous a laissé toute chose en dispute;
» Et l'accommodement vient de l'esprit malin.

SAINT-EVREMOND.

Ah! que de vains discours! Elle s'en est allée,
Et laisse trop long-temps sa Maison désolée.

M. L'AMBASSADEUR.

J'y vais le matin & le soir
Sans espérance de la voir,
Ni d'en apprendre des nouvelles;
Mais on remarque en toutes parts,
L'impression de ses regards,
Et tout luit des rayons qu'elle a laissés chez elle.

SAINT-EVREMOND.

Je vais entendre ses Oiseaux,
Qui d'un chant douloureux se plaignent de l'ab-
    sence;
Leur tristesse a remis la douce jouissance,
Et les nids commencés à des printems nouveaux.
    Filis (1) en sa petite cage
    Se contente de son ramage,
    Et garde au bonheur du retour,
Son prélude & son air, pour chanter son amour;

(1) Serin de Madame Mazarin.

La bonne & fidéle Douairiere,
Triste d'un mari mort, & d'un époux vivant (1);
Dans ce temps ennuyeux qu'elle n'a rien à faire,
Visite Chapelle & Couvent.
La *Signora* (2) toute affligée,
Toute en désordre, négligée,
N'a que faire de ses appas,
Dit-elle, où Madame n'est pas.
» Est-ce donc pour être si belle,
» Que Sara presque en Demoiselle,
» Aujourd'hui suit Madame & par monts & par
   » vaux ;
» Et qu'Isabelle abandonnée,
» Demeure ici comme enchaînée,
» A prendre soin des chiens, des guenons, des
   » oiseaux ?
J'entendis ce petit murmure,
(Jaloux effet de zéle & d'amitié :)
Si l'on savoit ce que chacun endure,
Peut-être en auroit on pitié.
Milon affranchi de sa Messe,
Et du soin d'aller à confesse,
Passe le Dimanche en repos :
Les autres jours de la semaine,
Le triste Aumônier se promene,

(1) Femme de Chambre de Madame Mazarin, qui croyant que son Mari étoit mort, se maria en secondes noces, & dont le premier Mari revint après la mort du second.

(2) Femme de Chambre Espagnole nommée Isabelle.

Songeant à dix ou douze mots,
Qu'au reveil de la Souveraine (1)
Il disoit assez à propos,
Et qui nous tenoient en haleine,
Attendant Vossius des Doctes le Héros.
Depuis ce dur départ, si funeste à la Chine,
Plus de Tableaux sans ombre, adieu cet art divin
Qui rendroit, nous dit-on, d'une humeur bien cha-
   grine,
Appelle, s'il vivoit, & Raphaël d'Urbin.
 Adieu ce curieux langage,
 Qui de Londres fait un village,
De Rome & de Paris à peine des hameaux ;
 Qui traite de grossier ouvrage,
 La structure de nos châteaux,
Voulant faire admirer des maisons d'un étage,
Construites à Nanquin de canne & de roseaux.
Fameux par mille exploits de sa dent meurtriere,
Chop (2) qui fut si terrible en sa verte saison ;
Qui du François armé (3) sut braver la colere ;
Le Batave effrayé (4) chassa de la maison ;
 Déchira le bien-aimé frere,
Du plus digne Héros qui fut sur l'horison (5) ;
Qui répandit le sang de Chipre originaire (6) ;
 Qui d'une brillante façon,

---

(1) Madame Mazarin.
(2) Dogue de Madame Mazarin. Voyez le Tome IV. page 323.
(3) Monsieur de Barillon.
(4) Monsieur Van Benning.
(5) M. de Canaples, frere de M. le Maréchal de Crequi.
(6) Le Prince Philippe de Savoye.

D'un *brio* tout extraordinaire,
D'un intrépide *coraçon*,
Attaqua le grand Ministere,
Qui mit l'Espagne à la raison (1);
Chop maintenant déchû de sa gloire premiere,
Mord à peine un petit garçon;
Et s'il ne vous revoit, sa valeur sanguinaire,
Se changera, Madame, en douceur de mouton.
La cuisine aussi peu salie
Qu'une chambre de lit polie,
La cuisine autrefois qui fumoit nuit & jour,
Pourroit bien rafraîchir les vins de cette Cour.

M. L'AMBASSADEUR.

Mêlez à votre amour la cuisine & la table,
Faites du chien qui mord un éloge admirable;
Chacun à sa maniere explique ses besoins;
Mais une passion plus pure,
Pour le chef-d'œuvre de la nature,
Auroit dû vous porter à de plus dignes soins.

SAINT-EVREMOND.

Monsieur l'Ambassadeur parlera comme un Livre
Du mal qui nous fait soupirer;
Mais son cœur jamais ne se livre,
Au tourment qu'il veut figurer:
Un malheureux dont l'esprit est moins libre,
Se tait, & ne fait qu'endurer.

(1) Le Comte de Castelmelhor.

❋

SUR LA MORALE
D'EPICURE,
A LA MODERNE
LEONTIUM (1).

VOUS voulez favoir fi j'ai fait ces REFLEXIONS SUR LA DOCTRINE D'EPICURE, qu'on m'attribue. Je pourrois m'en faire honneur : mais je n'aime pas à me donner un mérite que je n'ai point ; & je vous dirai ingénument qu'elles ne font pas de moi (2). J'ai un grand défavantage en ces petits Traités qu'on imprime fous mon nom. Il y en a de bien faits que je n'avoue point, parce qu'ils ne m'appartiennent pas ; & parmi les chofes que j'ai faites, on a mêlé beaucoup de fottifes, que je ne prens pas la peine de défavouer. A l'âge où je fuis, une heure de vie bien ménagée, m'eft plus confidérable que l'intérêt d'une médiocre réputation.

---

(1) Mademoifelle de l'Enclos. Voyez la VIE de M. de Saint Evremond, fur l'année 1685.
(2) Ces REFLEXIONS font de M. Sarafin. On les trouvera dans fes NOUVELLES OEUVRES imprimées à Paris en 1674.

Qu'on se défait de l'amour propre difficilement! Je le quitte comme Auteur; je le reprens comme Philosophe; sentant une volupté secrette à négliger ce qui fait le soin de tous les autres.

Le mot de VOLUPTE' me rappelle Epicure; & je confesse que de toutes les opinions des Philosophes, touchant le souverain bien, il n'y en a point qui me paroisse si raisonnable que la sienne. Il seroit inutile d'apporter ici des raisons cent fois dites par les Epicuriens; que l'amour de la volupté & la fuite de la douleur, sont les premiers & les plus naturels mouvemens qu'on remarque aux hommes; que les richesses, la puissance, l'honneur, la vertu peuvent contribuer à notre bonheur: mais que la seule jouissance du plaisir; la volupté, pour tout dire, est la véritable fin où toutes nos actions se rapportent. C'est une chose assez claire d'elle-même, & j'en suis pleinement persuadé. Cependant, je ne connois pas bien quelle étoit la VOLUPTE' d'Epicure; car je n'ai jamais vû de sentimens si divers, que ceux qu'on a eus sur les mœurs de ce Philosophe. Des Philosophes, & de ses Disciples même, l'ont décrié comme un sensuel & un paresseux, qui ne sortoit de son oisiveté que par la débauche. Toutes les Sectes se sont opposées à la sienne. Des Magistrats ont considéré sa Doctrine comme pernicieuſe au public. Ciceron, ſi juſte & ſi ſage dans ſes opinions ; Plutarque, ſi eſtimé par ſes jugemens, ne lui ont pas été favorables : & pour ce qui regarde les Chrétiens, les Peres l'ont fait paſſer pour le plus grand & le plus dangereux de tous les impies. Voilà ſes ennemis ; voici ſes partiſans.

Métrodore, Hermacus, Ménécée, & beaucoup d'autres qui philoſophoient avec lui, ont eu autant de vénération que d'amitié pour ſa perſonne. Diogene Laërce ne pouvoit pas écrire ſa vie plus avantageuſement pour ſa réputation : Lucrece a été ſon adorateur ; Sénéque, tout ennemi de ſa Secte qu'il étoit, a parlé de lui avec éloge. Si des Villes l'ont eu en horreur, d'autres lui ont érigé des Statues ; & parmi les Chrétiens, ſi les Peres l'ont décrié, Monſieur Gaſſendi & Monſieur Bernier le juſtifient.

Au milieu de toutes ces autorités oppoſées les unes aux autres, quel moyen y a-t-il de décider ? Dirai-je qu'Epicure eſt un corrupteur des bonnes mœurs, ſur la foi d'un Philoſophe jaloux, ou d'un Diſciple mécontent, qui aura pû ſe laiſſer aller au reſſentiment de quelque injure ? D'ailleurs, Epicure ayant voulu ruiner l'opinion qu'on avoit de la Providence & de l'immortalité de l'ame, ne puis-je pas me perſuader raiſonnablement que le monde s'eſt ſoulevé contre une doctrine scandaleuse, & que la vie du Philosophe a été attaquée pour décréditer plus facilement ses opinions? Mais si j'ai de la peine à croire ce que ses ennemis & ses envieux en ont publié, aussi ne croirai-je pas aisément ce qu'en osent dire ses Partisans. Je ne croi pas qu'il ait voulu introduire une volupté plus dure que la vertu des Stoïques. Cette jalousie d'austérité me paroît extravagante dans un Philosophe voluptueux, de quelque maniere qu'on tourne sa volupté. Beau secret de déclamer contre une vertu qui ôte le sentiment au sage, pour établir une volupté qui ne lui souffre point de mouvement! Le Sage des Stoïciens est un vertueux insensible; celui des Epicuriens un voluptueux immobile: le premier, est dans les douleurs, sans douleurs; le second, goûte une volupté sans volupté. Quel sujet avoit un Philosophe qui ne croyoit pas l'immortalité de l'ame, de mortifier ses sens? Pourquoi mettre le divorce entre deux parties composées de même matiere, qui devoient trouver leur avantage dans le concert & l'union de leurs plaisirs? Je pardonne à nos Religieux la triste singularité de ne manger que des herbes, dans la vûe qu'ils ont d'acquérir par-là une éternelle félicité: mais qu'un Philosophe, qui ne connoît d'autres biens que ceux de ce monde; que le Docteur de la volupté se fasse un ordinaire de pain & d'eau, pour arriver au souverain bonheur de la vie, c'est ce que mon peu d'intelligence ne comprend point. Je m'étonne qu'on n'établisse pas la volupté d'un tel Epicure dans la mort ; car à considérer la misère de sa vie, son souverain bien devoit être à la finir. Croyez-moi, si Horace & Pétrone se l'étoient figuré comme on le dépeint, ils ne l'auroient pas pris pour leur maître dans la science des plaisirs.

La piété qu'on lui donne pour les Dieux, n'est pas moins ridicule que la mortification de ses sens. Ces Dieux oisifs, dont il ne voyoit rien à espérer ni à craindre ; ces Dieux impuissans, ne méritoient pas la fatigue de son culte : & qu'on ne me dise point qu'il alloit au Temple de peur de s'attirer les Magistrats, & de scandaliser les citoyens ; car il les eût bien moins scandalisés pour n'assister pas aux Sacrifices, qu'il ne les choqua par des Ecrits qui détruisoient des Dieux établis dans le monde, ou ruinoient au moins la confiance qu'on avoit en leur protection.

Mais quel sentiment avez-vous d'Epicure, me dira-t-on ? Vous ne croyez ni ses amis, ni ses ennemis ; ni ses adversaires, ni ses partisans : quel peut être le jugement que vous en faites ? Je pense qu'Epicure étoit un Philosophe fort sage, qui selon les temps & les occasions, aimoit la volupté en repos, ou la volupté en mouvement; & de cette différence de *volupté*, est venuë celle de la réputation qu'il a eûe. Timocrate & ses autres ennemis l'ont attaqué par les plaisirs sensuels : ceux qui l'ont défendu, n'ont parlé que de sa volupté spirituelle. Quand les premiers l'ont accusé de la dépense qu'il faisoit à ses repas, je me persuade que l'accusation étoit bien fondée : quand les autres ont fait valoir ce petit morceau de fromage qu'il demandoit, pour faire meilleure chere que de coûtume; je croi qu'ils ne manquoient pas de raison. Lorsqu'on dit qu'il philosophoit avec Leontium (1), on dit vrai : lorsqu'on soutient qu'il se divertissoit avec elle, on ne ment pas. *Il y a temps de rire & temps de pleurer*, selon Salomon : temps d'être sobre & temps d'être sensuel, selon Epicure. Outre cela un homme voluptueux l'est-il également toute sa vie ? Dans la Religion, le plus libertin devient quelquefois le plus dévot, dans l'étude de la sagesse, le plus indulgent aux plaisirs, se rend quelquefois le plus austére. Pour moi, je regarde Epicure autrement dans la jeunesse & la santé; que dans la vieillesse & la maladie.

---

(1) Dame d'Athenes, qui se rendit fameuse par ses galanteries, & par son application à la Philosophie, qu'elle étudia sous Epicure. Voyez son Article dans le DICTIONNAIRE de M. Bayle.

L'indolence & la tranquillité, ce bonheur des malades & des paresseux, ne pouvoit pas être mieux exprimé qu'il l'est dans ses écrits : la volupté sensuelle n'est pas moins bien expliquée dans un passage formel qu'allégue Ciceron expressément (1). Je sai qu'on n'oublie rien pour le détruire ou pour l'éluder: mais des conjectures peuvent-elles être comparées avec le témoignage de Ciceron, qui avoit tant de connoissance des Philosophes de la Grece & de leur Philosophie ? Il vaudroit mieux rejetter sur l'inconstance de la nature humaine l'inégalité de notre esprit. Où est l'homme si uniforme qui ne laisse voir de la contra-

---

(1) Voici le passage de Ciceron. Il parle à Epicure. ,, In eo quidem libro, qui ,, continet omnem disciplinam tuam (fungar enim ,, jam interpretis munere, ,, ne quis me putet fingere) ,, dicis hæc, Nec equidem ,, habeo, quod intelligam bonum illud, detrahens eas ,, voluptates, quæ sapore percipiuntur : detrahens eas, ,, quæ auditu & cantibus : detrahens eas etiam, quæ ex ,, formis percipiuntur oculis, ,, suaves motiones, sive quæ ,, alia voluptates in toto homine gignuntur quolibet e sensu. ,, Nec vero ita dici potest, ,, mentis laetitiam solam esse in ,, bonis : laetantem enim mentem ita novi, spe eorum omnium quæ supra dixi, fore ,, ut natura iis potiens doloribus careat. Atque hæc quidem his verbis : quivis ut ,, intelligat, quam voluptatem norit Epicurus. ,, Deinde paulo infra : Sapientes (inquit) ex his, ,, qui appellantur Sapientes, ,, quid haberent, quod in bonis relinquerent, si illa detraxissent : nisi vellent voces inanes fundere : Nihil ab ,, his potui cognoscere ; qui, ,, si virtutes ebullire velent. (M. Davies croit qu'il faut lire NOLLENT.) & ,, sapientias, nihil aliud dicent, nisi eam viam, qua efficiantur eæ voluptates quas ,, supra dixi. Quæ sequuntur in eandem sententiam ,, sunt : totusque liber, qui ,, est de summo bono refertus est verbis & sententiis ,, talibus. TUSCUL. DISPUT. Lib. III. §. 18. edit. secund. Davis. Cantabr. 1723.

riété dans ses discours & dans ses actions ? Salomon mérite le nom de SAGE autant qu'Epicure pour le moins, & il s'est démenti également dans ses sentimens & dans sa conduite. Montagne étant jeune encore, a crû qu'il falloit penser éternellement à la mort pour s'y préparer : approchant de la vieillesse, *il chante*, dit-il, *la palinodie ;* voulant qu'on se laisse conduire doucement à la nature, qui nous apprendra assez à mourir.

Monsieur Bernier, ce grand partisan d'Epicure, avoue aujourd'hui qu'*après avoir philosophé cinquante ans, il doute des choses qu'il avoit crû les plus assurées* (1). Tous les objets ont des faces différentes, & l'esprit qui est dans un mouvement continuel, les envisage différemment selon qu'il se tourne; ensorte que nous n'avons, pour ainsi parler, que de nouveaux aspects, pensant avoir de nouvelles connoissances. D'ailleurs, l'âge apporte de grands changemens dans notre humeur, & du change-

---

(1) *Voyez les* DOUTES *de M. Bernier sur quelques-uns des principaux Chapitres de son Abregé de la Philosophie de Gassendi*, imprimés d'abord séparément, & ensuite insérés dans la seconde Edition de l'ABREGE' *de la Philosophie de Gassendi*, faite à Lyon en 1684. Tom. II. pag. 379. M. Bernier dedia ses *Doutes* à Madame de la Sabliere, & dans sa Dédicace on trouve ce même aveu modeste & sincére qu'il fit à M. de Saint-Evremond. *Il y a*, dit-il à cette Dame, *trente à quarante ans que je philosophe, fort persuadé de certaines choses, & voilà que je commence à en douter: c'est bien pis, il y en a dont je ne doute plus, désespéré de pouvoir jamais y rien comprendre.*

ment de l'humeur se forme bien souvent celui des opinions. Ajoûtez, que les plaisirs des sens font mépriser quelquefois les satisfactions de l'esprit, comme trop séches & trop nues ; & que les satisfactions de l'esprit délicates & rafinées, font mépriser à leur tour les voluptés des sens, comme grossieres. Ainsi l'on ne doit pas s'étonner que dans une si grande diversité de vûes & de mouvemens, Epicure qui a plus écrit qu'aucun Philosophe, ait traité différemment la même chose, selon qu'il peut l'avoir différemment pensée ou sentie.

Quel besoin y a-t-il de ce raisonnement général, pour montrer qu'il a pû être sensible à toutes sortes de voluptés ? Qu'on le considére dans son commerce avec les femmes, & on ne croira pas qu'il ait passé tant de temps avec Leontium & avec Temista à ne faire que philosopher. Mais s'il a aimé la jouissance en voluptueux, il s'est ménagé en homme sage. Indulgent aux mouvemens de la nature, contraire aux efforts ; ne prenant pas toujours la chasteté pour une vertu, comptant toujours la luxure pour un vice ; il vouloit que la sobrieté fût une économie de l'appétit, & que le repas qu'on faisoit ne pût jamais nuire à celui qu'on devoit faire : *Sic præsentibus voluptatibus utaris ut futuris non noceas.* Il dégageoit les voluptés de l'inquiétude qui les précéde,

& du dégoût qui les suit. Comme il tomba dans les infirmités & dans les douleurs, il mit le souverain bien dans l'indolence : sagement, à mon avis, pour la condition où il se trouvoit; car la cessation de la douleur est la félicité de ceux qui souffrent. Pour la tranquillité de l'esprit, qui faisoit l'autre partie de son bonheur, ce n'est qu'une simple exemption de trouble : mais qui ne peut plus avoir de mouvemens agréables, est heureux de pouvoir se garantir des impressions douloureuses.

Après tant de discours, je conclus que l'indolence & la tranquillité devoient faire le souverain bien d'Epicure infirme & languissant : pour un homme qui est en état de pouvoir goûter les plaisirs, je crois que la santé se fait sentir elle-même par quelque chose de plus vif que l'indolence; comme une bonne disposition de l'ame veut quelque chose de plus animé qu'un état tranquille. Nous vivons au milieu d'une infinité de biens & de maux, avec des sens capables d'être touchés des uns, & blessés des autres : sans tant de Philosophie, un peu de raison nous fera goûter les biens aussi délicieusement qu'il est possible, & nous accommoder aux maux aussi patiemment que nous le pouvons.

A MADAME LA DUCHESSE
MAZARIN.

LE Philosophe étoit jadis heureux,
Non pas de ce vrai bien qu'Epicure conseille :
De ce bien indolent l'insensible merveille,
Ne se trouva jamais le sujet de ses vœux.
Son bonheur consistoit au bout de votre oreille ;
Le baiser, & sentir l'odeur de vos cheveux,
 Etoit pour lui volupté sans pareille :
Ne vous offensez pas du mot de *Volupté* ;
C'est la seule avec vous qu'il ait jamais goûté.
 Un doux souvenir de ma gloire,
 Me flatte encore quelquefois :
 Hier j'en rappellai la mémoire,
Quand le Dieu du sommeil vous tenoit sous ses loix.
 Là, dans le fort d'une musique,
Que le profond repos vous faisoit entonner,
 Et qui m'eût fait abandonner,
De voix & d'instrumens un concert Angelique ;
Là, le vieux Philosophe à demi transporté,
 Alloit quelque chose entreprendre,
 Sur votre dormante beauté.
Eveillée, accordez ce qu'il auroit sû prendre ;

Et n'appréhendez point le trop d'avidité :
Son larcin amoureux eût été limité.
Je me ferois vangé sur votre belle bouche,
De ses désobligeans discours,
Par autant de baisers que l'aimable farouche,
Me dit impunément d'injures tous les jours.
Quand vous me verrez seul, ô beaux yeux que
j'adore !
Dormez, dormez encore :
Je punirai ce charme ambitieux,
Dont la nouvelle audace
Veut disputer la place,
Qu'amour dans tous les temps a donnée aux beaux
yeux.
L'on n'a jamais parlé de la bouche d'Héléne ;
Si Pâris dans ses yeux n'eût trouvé plus d'appas ;
Illion se verroit peut-être dans la plaine,
Où les Grecs ont donné jadis tant de combats.
Syphax auroit vécu sans peine,
Exempt de tous périls, de soins & d'embarras,
Si des yeux ennemis de la grandeur Romaine,
N'avoient pas inspiré leur haine,
A ce Roi malheureux qui perdit ses Etats.
César pour de beaux yeux arrête sa victoire,
Il suspend son ambition,
Prêt à défigurer l'honneur de sa mémoire,
Pour se ressentir trop de leur impression.
C'est la fameuse Cleopatre,
Pour qui l'on vit Antoine abandonner ses Dieux ;

Elle qui revient en ces lieux,
Pour animer notre théâtre,
De l'amour de son idolâtre,
Et de la gloire de ses yeux.
Antoine auprès des yeux d'une Reine si belle,
N'a plus que pour l'amour l'usage de son cœur :
De brave, audacieux, rendu tendre & fidelle,
Enchanté de sa molle erreur,
Il aime mieux mourir, que de se voir sans elle
Maître de Rome, & d'Auguste Vainqueur.
Lisez, & relisez ces illustres Ouvrages,
Qui pour venir à nous ont percé tous les âges ;
Lisez des Nations les Poëmes divers,
Vous ne trouverez point de vers,
Où la bouche d'une maîtresse,
Ait les traits dangereux dont un amant se blesse.
N'ayant rien à conter de ses propres attraits,
Elle parloit des maux que les yeux avoient faits ;
Asservie à des cœurs, qui sentoient des atteintes,
Elle formoit pour eux les soupirs & les plaintes,
Simple interprète des amans
Qui souffrent en amour de rigoureux tourmens.
Sous l'empire des yeux, tout sujet est fidelle ;
La servitude est éternelle,
Et plus on est esclave, on hait la liberté :
De celui que la bouche a voulu reconnoître,
Elle se fait un maître,
Dont elle sent bien-tôt l'injuste autorité.
Telle peut s'exempter, d'un traitement si rude,

Qui tombe dans l'ennui d'une longue habitude,
Indolente, insensible en sa fade langueur :
Heureux, heureux le temps où tout plaît, où tout
    flatte !
Qu'on s'attende en perdant la qualité d'ingrate,
De perdre tous les droits qu'on avoit sur un cœur.
Là, se perdent nos soins, nos respects, nos services,
    Le dévouement, les sacrifices,
    La triste plainte, & les tendres soupirs :
Celles dont les rigueurs nous ont coûté des larmes,
Aux dernieres faveurs se gardent peu de charmes,
    Et nous laissent moins de desirs.
Un Amour délicat pense avoir tout à craindre ;
Il hait, dans les tourmens, qui le veut consoler ;
    Ou le respect le fait contraindre,
    Ou la douleur le fait parler ;
    Mais malgré toute sa souffrance,
    Il subsiste, on le voit durer ;
Son malheur le plus grand est dans la récompense ;
A peine l'obtient-il, qu'il lui faut expirer.
    Jamais la brillante figure,
    Qui fait toute chose anoblir,
    N'a daigné la bouche embellir
    Par l'éclat de son imposture :
Jamais bouche n'obtint de la comparaison
    Plus grand, & plus précieux don,
    Que de baiser en tourterelle,
    Ou de gémir douloureuse comme elle.
Cependant on voyoit ériger les beaux yeux

En astres plus brillans que les astres des Cieux !
L'on en faisoit sortir des flammes,
Qui consumoient toutes les ames ;
Et tandis qu'ils brûloient nos cœurs,
Tandis qu'ils nous donnoient de mortelles langueurs,
Que l'amour en dépôt leur laissoit sa puissance,
Pour exercer sa violence,
Et dispenser ses dures loix,
Dans les cours, les champs, & les bois ;
La bouche se gardoit pour la cérémonie
D'un baiser de salut en quelque compagnie ;
Et l'on ne comptoit pas pour son moindre agrément,
La grace qu'elle avoit à faire un compliment.
Mais de ce vain mérite à présent rebutée,
A de nouveaux emplois nous la voyons portée,
Afin de mieux gagner les suffrages des gens ;
Cent fois elle s'entr'ouvre, & nous montre ses dents ;
Pour trois ou quatre mots qu'elle voudra nous dire,
Mille fois sans sujet on la verra sourire ;
Elle produit par tout son petit attirail,
De fossettes, façons, de lévres de corail.
Dormez, ô beaux yeux que j'adore !
Dormez, dormez encore ;
Je saurai bien punir les charmes impudens.
De fossettes, lévres, & dents.

Lorsque j'ai parlé de la bouche,
Hortence, je songeois à vous :
Vous pouviez vous mettre en courroux,
Car c'est vous que la chose touche :
Ne rejettez point sur autrui,
Ce qu'on dit pour vous aujourd'hui.
Vous avez les *façons*, vous avez les *fossettes*,
Vous nous montrez des *dents* saines, blanches &
nettes ;
Pour accomplir mieux l'attirail,
Vous produisez par tout des *lévres de corail*,
Et pour cinq ou six *mots* qu'on vous entendra dire,
Cent fois malignement on vous verra *sourire*:
Mais je puis jurer sûrement,
Qu'un baiser de cérémonie,
Suivi d'un grave compliment
En sérieuse compagnie,
N'a pas le vrai goût proprement,
Que vous demanderiez aux douceurs de la vie.
Qu'on ne me prenne point pour un séditieux,
Qui voudroit allumer une guerre civile,
Entre votre bouche & vos yeux :
Je prétens que la bouche en sujette docile,
Reconnoisse par tout un pouvoir glorieux,
Qui fait d'un seul regard, ou sévere, ou facile,
La peine ou le plaisir des hommes & des Dieux.
Après avoir des yeux bien établi l'empire,
De l'emploi de la bouche il nous faut disposer :
Que les yeux en tyrans fassent notre martyre,

Que la bouche soumise ait soin de l'appaiser;
Les yeux, ces beaux tyrans ont déja fait ma peine,
Ils me coûtent des maux pires que le trépas;
  La bouche qui doit être humaine
  Sait le tourment, & ne l'appaise pas.

DE LA RETRAITE.

ON ne voit rien de si ordinaire aux vieilles gens que de soupirer pour la retraite; & rien de si rare en ceux qui se sont retirés, que de ne s'en repentir pas. Leur ame trop assujettie à leur humeur, se dégoûte du monde par son propre ennui : car à peine ont-ils quitté ce faux objet de leur mal, qu'ils souffrent aussi peu la solitude que le monde ; s'ennuyant d'eux-mêmes où ils n'ont plus qu'eux dont ils se puissent ennuyer.

Une raison essentielle qui nous oblige à nous retirer quand nous sommes vieux, c'est qu'il faut prévenir le ridicule où l'âge nous fait tomber presque toujours. Si nous quittons le monde à propos, on y conservera l'idée du mérite que nous aurons eu : si nous y demeurons trop, on aura nos défauts devant les yeux ; & ce que nous serons devenus effacera le souvenir de ce que nous avons été. D'ailleurs, c'est une honte à un honnête-homme de traîner les infirmités de la vieillesse dans une Cour, où la fin de ses services a fait celle de ses intérêts.

La nature nous redemande pour la liberté, quand nous n'avons plus rien à espérer pour la fortune. Voilà ce qu'un sentiment d'honnêteté, 'ce que le soin de notre réputation, ce que le bon sens, ce que la nature exigent de nous. Mais le monde a ses droits encore pour nous demander la même chose. Son commerce nous a fourni des plaisirs tant que nous avons été capables de les goûter : il y auroit de l'ingratitude à lui être à charge, quand nous ne pouvons lui donner que du dégoût.

Pour moi, je me résoudrois à vivre dans le Couvent, ou dans le désert, plûtôt que de donner une espéce de compassion à mes amis ; & à ceux qui ne le sont pas, la joie malicieuse de leur raillerie. Mais le mal est, qu'on ne s'apperçoit pas quand on devient imbécille ou ridicule. Il ne suffit point de connoître que l'on est tombé tout-à-fait, il faut sentir le premier qu'on tombe, & prévenir en homme sage la connoissance publique de ce changement.

Ce n'est pas que tous les changemens qu'apporte l'âge nous doivent faire prendre la résolution de nous retirer. Nous perdons beaucoup en vieillissant, je l'avoue : mais parmi les pertes que nous faisons, il y en a qui sont compensées par d'assez grands avantages. Si après avoir perdu mes passions, les affections me demeurent encore, il y aura moins d'inquiétude dans mes plaisirs, & plus de discrétion dans mon procédé à l'égard des autres : si mon imagination diminue, je n'en plairai pas tant quelquefois, mais j'en importunerai moins bien souvent : si je quitte la foule pour la compagnie, je serai moins dissipé : si je reviens des grandes compagnies à la conversation de peu de gens, c'est que je saurai mieux choisir.

D'ailleurs, nous changeons parmi des gens qui changent aussi-bien que nous, infirmes également, ou du moins sujets aux mêmes infirmités. Ainsi je n'aurai pas honte de chercher en leur présence des secours contre la foiblesse de l'âge, & je ne craindrai point de suppléer avec l'art à ce qui commence à me manquer par la nature. Une plus grande précaution contre l'injure du temps, un ménagement plus soigneux de la santé, ne scandaliseront point les personnes sages; & l'on se doit peu soucier de celles qui ne le sont pas.

A la vérité, ce qui déplaît dans les vieilles gens n'est pas le grand soin qu'ils prennent de leur conversation. On leur pardonneroit tout ce qui les regarde, s'ils avoient la même considération pour autrui : mais l'autorité qu'ils se donnent est pleine d'injustice & d'indiscrétion ; car ils choquent mal-à-propos les inclinations de ceux qui compatissent le plus à leur foiblesse. Il semble que le long usage de la vie leur ait désappris à vivre parmi les hommes ; n'ayant que de la rudesse, de l'austérité, de l'opposition pour ceux dont ils exigent de la douceur, de la docilité, de l'obéissance. Tout ce qu'ils font leur paroît vertu : ils mettent au rang des vices tout ce qu'ils ne sauroient faire ; & contraints de suivre la nature en ce qu'elle a de fâcheux, ils veulent qu'on s'oppose à ce qu'elle a de doux & d'agréable.

Il n'y a point de temps où l'on doive étudier son humeur avec plus de soin que dans la vieillesse ; car il n'y en a point où elle soit si difficilement reconnue. Un jeune homme impétueux a cent retours où il se déplaît de sa violence : mais les vieilles gens s'attachent à leur humeur comme à la vertu, & se plaisent en leurs défauts par la fausse ressemblance qu'ils ont à des qualités louables. En effet, à mesure qu'ils se rendent plus difficiles, ils pensent devenir plus délicats. Ils prennent de l'aversion pour les plaisirs, croyant s'animer justement contre les vices. Le sérieux leur paroît du jugement ; le flegme de la sagesse : & de-là vient cette autorité importune qu'ils se donnent de censurer tout; le chagrin, leur tenant lieu d'indignation contre le mal; & la gravité, de suffisance.

Le seul reméde, quand nous en sommes venus-là, c'est de consulter notre raison dans les intervalles où elle est dégagée de notre humeur; & de prendre la résolution de dérober nos défauts à la vûe des hommes. La sagesse alors est de les cacher: ce seroit un soin superflu que de travailler à s'en défaire. C'est donc-là qu'il faut mettre un temps entre la vie & la mort, & choisir un lieu propre à le passer dévotement, si on peut, sagement du moins; ou avec une dévotion qui donne de la confiance; ou avec une raison qui promette du repos. Quand la raison qui étoit propre pour le monde, est usée; il s'en forme une autre pour la retraite, qui de ridicules que nous devenions dans le commerce des hommes, nous fait rendre véritablement sages pour nous-mêmes.

De toutes les retraites que nous pourrions faire quand nous sommes vieux, je n'en trouverois point de préférables à celles des Couvens, si leur Régle étoit moins austére. Il est certain que la vieillesse évite la foule, par une humeur délicate & retirée, qui ne peut souffrir l'importunité ni l'embarras. Elle évite encore avec plus de soin la solitude, où elle est livrée à ses propres chagrins, & à de tristes, de fâcheuses imaginations. La seule douceur qui lui reste est celle d'une honnête société ; & quelle société lui conviendroit mieux qu'une société religieuse, où les assistances humaines se donneroient avec plus de charité, & où les vœux seroient tous unis, pour demander à Dieu le secours qu'on ne peut attendre raisonnablement des hommes ?

Il est aussi naturel aux vieilles gens de tomber dans la dévotion, qu'il est ordinaire à la jeunesse de s'abandonner aux voluptés. Ici, la nature toute pleine pousse hors d'elle ce qu'il y a de trop dans sa vigueur, pour le répandre voluptueusement sur les objets : là, une nature languissante cherche en Dieu ce qui vient à lui manquer, & s'attache plus étroitement à lui, pour se faire comme une ressource dans sa défaillance. Ainsi le même esprit qui nous méne à la société dans nos besoins, nous conduit à Dieu dans nos langueurs ; & si les Couvens étoient institués comme ils devroient l'être, nous trouverions dans les mêmes lieux, & l'appui du Ciel, & l'assistance des hommes : mais de la façon qu'ils sont établis, au lieu d'y trouver le soulagement de ses maux, on y trouve la dureté d'une obéissance aveugle en des choses inutiles commandées, en des choses innocentes défendues. On y trouve un sacrifice ordinaire de sa raison ; on y trouve des loix plus difficiles à garder, que celles de Dieu & du Prince; des loix rompues scandaleusement par les libertins, & endurées impatiemment par les plus soumis.

J'avoue qu'on voit quelquefois des Religieux d'un mérite inestimable. Ceux-ci connoissent les vanités du monde d'où ils sont sortis, & ce qu'il y a de grimace dans les lieux où ils sont entrés. Ce sont de véritables gens de bien, & de véritables dévots, qui épurent les sentimens de la morale par ceux de la piété : ils vivent non-seulement exempts du trouble des passions : mais dans une satisfaction d'esprit admirable : ils sont plus heureux à ne desirer rien, que les plus grands Rois à posséder tout. A la vérité, ces exemples sont bien rares, & la vertu de ces Religieux est plus à admirer, que leur condition à être embrassée.

Pour moi, je ne conseillerois jamais à un honnête homme de s'engager à ces sortes d'obligations, où tous les droits de la volonté généralement sont perdus. Les peines qu'on voudroit souffrir y sont rendues nécessaires ; le péché qu'on a dessein de fuir s'évite par ordre, & le bien qu'on veut pratiquer ne se fait qu'avec contrainte. La servitude ordinaire ne va pas plus loin qu'à nous forcer à ce que nous ne voulons pas : celle des Couvens nous nécessite même en ce que nous voulons.

La feuë Reine de Portugal (1), auſſi capable de ſe conduire elle-même dans le repos, que de gouverner un Etat dans l'agitation, eut envie de ſe faire Religieuſe, lorſqu'elle remit le gouvernement entre les mains de ſon Fils (2) : mais après avoir examiné les Régles de tous les Ordres, avec autant de ſoin que de jugement, elle n'en trouva point qui laiſſât au corps les commodités néceſſaires, & à l'eſprit une raiſonnable ſatisfaction. Il eſt certain que l'idée du Couvent eſt aſſez douce à qui cherche l'innocence & le repos ; mais il eſt difficile d'y trouver la douceur que l'on s'eſt imaginée. Si on l'y rencontre quelquefois, ce qui eſt bien rare, on n'en jouit pas long-temps ; & la meilleure précaution qu'on puiſſe avoir pour n'y entrer pas, c'eſt de ſonger que preſque tous les Religieux y demeurent à regret, & en ſortent, quand il leur eſt poſſible, avec joie.

Je ſouhaiterois que nous euſſions des ſociétés établies, où les honnêtes gens ſe puſſent retirer commodément, après avoir rendu au public tout le ſervice qu'ils étoient capables de lui rendre. Quand ils y ſeroient entrés par le ſoin de leur ſalut, par le dégoût du monde, ou par un deſir de repos,

---

(1) Louiſe-Françoiſe de Guſman, fille du Duc de Médina Sidonia, & femme de Jean Duc de Bragance ; enſuite Roi de Portugal. Elle mourut le 18. de Février 1666.

(2) Dom Alfonſe.

qui fuccéderoit aux diverfes agitations de la fortune, ils pourroient goûter la joie d'une retraite pieufe, & le plaifir innocent d'une honnête & agréable converfation : mais dans ce lieu de repos je ne voudrois d'autres régles que celles du Chriftianifme, qui font reçûes généralement par tout. En effet, nous avons affez de maux à fouffrir, & de péchés à commettre, fans que de nouvelles Conftitutions faffent naître de nouveaux tourmens & de nouveaux crimes. C'eft une folie de chercher loin des Cours une retraite où vous ayez plus de peine à vivre, & plus de facilité à vous damner que dans le commerce des hommes.

Je hais l'auftérité de ces gens, qui pour donner au devoir plus d'étendue, ne laiffent rien à la bonne volonté. Ils tournent tout à la néceffité d'obéir, fans autre raifon que d'exercer toujours notre obéiffance, que de ce qu'ils fe plaifent à jouir toujours de leur pouvoir. Or je n'aime pas l'affujettiffement à leur fantaifie; je voudrois feulement de la docilité pour une bonne & fage difcrétion. Il n'eft pas jufte que le peu de liberté que fauve la nature des loix de la politique & de celles de la Religion, vienne à fe perdre tout-à-fait dans les Conftitutions de ces nouveaux Légiflateurs; & que des perfonnes qui entrent dans le Couvent par l'idée de la douceur &
du

du repos, n'y rencontrent que de la servitude & de la douleur.

Pour moi, je m'y passerois volontiers des choses délicieuses, à un âge où le goût des délices est presque perdu : mais je voudrois toutes mes commodités dans un temps où le sentiment devient plus délicat pour ce qui nous blesse, à mesure qu'il devient moins exquis pour ce qui nous plaît, & moins tendre pour ce qui nous touche. Ces commodités desirables à la vieillesse, doivent être aussi éloignées de l'abondance qui fait l'embarras, que du besoin qui fait sentir la nécessité. Et pour vous expliquer plus nettement ma pensée ; je voudrois dans un Couvent une frugalité propre & bien entendue, où l'on ne regarderoit point Dieu comme un Dieu chagrin, qui défend les choses agréables parce qu'elles plaisent ; mais où rien ne plairoit à des esprits bien faits, que ce qui est juste ou tout-à-fait innocent.

A la prison de Monsieur Fouquet, Monsieur le Maréchal de Clerembaut avoit la tête remplie de ces imaginations de retraite. » Que l'on vivroit heureux, *me disoit-
» il*, en quelque Société où l'on ôteroit à
» la fortune la jurisdiction qu'elle a sur
» nous ! Nous lui sacrifions, à cette for-
» tune, nos biens, notre repos, nos an-
» nées, peut-être inutilement, & si nous

» venons à posséder ses faveurs, nous en
» payons une courte jouissance, quelque-
» fois de notre liberté, quelquefois de no-
» tre vie. Mais quand nos grandeurs dure-
» roient autant que nous, elles finiront du
» moins avec nous-mêmes. Et qu'ont fait
» des leurs ces grands favoris, qui n'ont
» jamais vû interrompre le cours de leur
» fortune ? Ne semblent-ils pas n'avoir ac-
» quis tant de gloire, & amassé tant de
» biens, que pour se préparer le tourment
» de ne sçavoir ni les quitter, ni les rete-
» nir ? « C'étoit-là ses entretiens ordinaires un mois durant que je fus avec lui ; &
ce Courtisan agréable, dont la conversation faisoit la joie la plus délicate de ses
amis, se laissoit posséder entiérement à ces
sortes de pensées, quelquefois judicieuses,
toujours tristes.

J'avoue qu'il y a des temps où rien n'est
si sage que de se retirer : mais tout persuadé que j'en suis, je me remets de ma Retraite à la nature, beaucoup plus qu'à ma
raison. C'est par ses mouvemens qu'au
milieu du monde, je me retire aujourd'hui
du monde même. J'en suis encore pour ce
qui me plaît : j'en suis dehors pour ce qui
m'incommode. Chaque jour je me dérobe
aux connoissances qui me fatiguent, & aux
conversations qui m'ennuyent : chaque jour
je cherche un doux commerce avec mes

amis, & fais mes délices les plus cheres de la délicatesse de leur entretien.

De la façon que je vis, ce n'est ni une société pleine, ni une Retraite entiére : c'est me réduire innocemment à ce qui m'accommode le plus. Dégoûté du vice comme trop grossier, & blessé de la pratique de la vertu comme trop rude, je me fais d'innocentes douceurs qui conviennent au repos de la vieillesse, & qui sont justement sensibles à proportion de ce que je puis encore agréablement sentir.

Lorsque nous approchons du fatal monument,
La nature se plaît à vivre innocemment ;
Et la même autrefois qui dérégloit la vie,
D'un doux & saint repos nous inspire l'envie.
  Il n'est plus de beaux jours
  Quand il n'est plus d'amours :
Mais notre esprit défait de son ardeur premiere,
Garde pour son couchant une douce lumiere,
Qui nous fait oublier la plus vive saison
Par les derniers plaisirs que donne la raison.

ENTRETIEN

De deux Dames avec une Religieuse, mal satisfaite de sa condition.

UNE DAME.

Contez-nous un peu votre sort;
Que fait-on dans le Monastére?
Madame & moi souhaitons fort
D'en apprendre tout le mystére.

LA RELIGIEUSE.

Sans égard au teint précieux
D'une beauté jeune & fleurie,
Celle qui se fouette le mieux,
De l'Abbesse est la plus chérie.
L'esprit est un mérite auprès d'elle odieux;
Qui n'est pas imbécille y passe pour impie;
    Un Directeur tendre & pieux
    Avec une dévote amie,
    Sur les autres impérieux
    Veut exercer sa tyrannie;
    Notre Chœur est fastidieux,
    J'en hais la fade mélodie:
    Notre repas pernicieux,
    La seule faim nous y convie;

Car le troupeau religieux,
Qui souvent jeûne & toujours prie,
Prend un appétit furieux
Et de tous mets se rassasie.
Un Prêcheur ignorant & vieux,
Avec grande cérémonie,
Tousse, crache, leve les yeux,
Et puis fait à la compagnie
Un long Sermon fort ennuyeux,
Dont il faut qu'on le remercie.
Après que le bon Pere a discouru des Cieux,
Nous chantons Vêpres & Complie;
Et le Salut fait les adieux
De notre méchante harmonie.
Suit le soupé délicieux
D'une pomme crue ou rôtie,
Puis un sommeil peu gracieux
Me tient au lit mal endormie,
Attendant l'ordre injurieux,
Qui m'en fait faire une sortie
Par un temps froid & pluvieux :
Enfin je me trouve asservie
A tant de peines en ces lieux,
Qu'il me faut aspirer par force à l'autre vie.
Heureuse est une bonne Sœur,
Que cette espérance a charmée !
Mais il faut plaindre le malheur
Où tombe une pauvre enfermée,
Qui ne goûte point la douceur

Qu'apporte une si belle idée.
C'est un entretien assez doux,
A la plus prude, à la plus sage,
De songer quelquefois que la mort d'un époux
Rompt les liens du mariage :
Il n'en est pas ainsi chez nous ;
Le mari qui nous tient en cage
Est éternel, & hors des coups,
Qui savent procurer le bonheur du veuvage.

LA DAME.

En vérité, ma Sœur, vos murmures sont grands,
Si c'est-là tout le mal qu'ont les Religieuses,
Vous traitez votre époux comme on fait les tyrans,
Et vos plaintes sur-tout sont fort injurieuses.
Le Ciel nous a donné des états différens,
Mais nous n'en sommes pas pour cela plus heureuses :
Le chagrin des maris, l'embarras des enfans ;
Des infidélités aux pauvres amoureuses
De qui les sots desirs ont été trop constans ;
D'un amour emporté les suites trop fâcheuses,
D'un autre mieux conduit les égards trop gênans :
Les tendres mouvemens des ames vertueuses
Etouffés avec peine & toujours renaissans ;
Le luxe des habits en quelques somptueuses,
Dont le crédit se perd avec tous les marchands ;
La passion du jeu dans les nécessiteuses,
Le tourment qu'on se donne à disputer des rangs
Une fiére hauteur que les impérieuses

Opposent vainement à la faveur du temps;
Un bas attachement, des foiblesses honteuses,
Qui ne servent de rien à l'intérêt des gens;
Le malheur du succès pour les ambitieuses,
Dont les cœurs élevés sont trop entreprenans;
L'inquiet mouvement qui perd des intrigueuses
Pour se mêler de tout avec trop peu de sens;
Voilà, ma chere Sœur, nos voluptés flatteuses:
Du Monde, qui vous plaît, voilà les doux pré-
    sens;
Voilà ce grand bonheur qui vous rend envieuses.

LA RELIGIEUSE.

Ce lieu que mille fois j'ai nommé ma prison,
Sera votre Retraite assez-tôt, que je pense;
Car celle qui se voit dans l'arriére-saison,
    Pourra faire l'expérience
    Des Régles de notre Maison
    Avec beaucoup de bienséance.

L'AUTRE DAME.

    A vous entendre discourir,
    Trop heureux est le sort des autres,
Vous aimeriez, ma Sœur, à danser, à courir,
Nous aimerions en paix des jours comme les
    vôtres;
Mais à son propre état chacun se doit tenir;
Gardons notre embarras, dites vos Patenôtres:
    La sagesse est de bien souffrir.
    Vous vos chagrins, & nous les nôtres.
Ecoutez vos devoirs, plutôt que vos raisons;

Ayons plus de vertus chez nous que d'oraisons :
Des maux qu'un Dieu souffrit ayez toujours l'image,
  Imitez-le dans ses douleurs ;
Des biens que Dieu nous fait faisons un bon usage,
  Imitons-le dans ses faveurs.
Vaincre de nos Amours la douce violence,
Ne permettre à nos cœurs que de justes desirs,
Un repos innocent, & d'honnêtes plaisirs,
  C'est pour nous assez de souffrance :
  L'ordre nous coûte des soupirs ;
Une bonne conduite est notre pénitence.

LA RELIGIEUSE.

  Je sens ranimer ma langueur
  Par vos discours pleins de sagesse ;
  Et si vous étiez mon Abbesse,
  Rien n'égaleroit ma ferveur.

  (A la premiere Dame.)

  Pour vous, Madame la contense
  De tant de malheurs différens,
  Ou faites chez vous la pleureuse ;
Ou soyez avec nous pénitente céans.

LETTRE
DE MONSIEUR
DE LA FONTAINE,
A MONSIEUR
DE BONREPAUX;
A LONDRES (1).

JE ne croyois pas, Monsieur, que les Négociations & les Traités vous laissassent penser à moi. J'en suis aussi fier que si l'on m'avoit érigé une statue sur le sommet du mont Parnasse. Pour me revancher de cet honneur, je vous place en ma mémoire auprès de deux Dames qui me feront oublier les Traités & les Négociations, & peut-être les Rois aussi. Je voudrois que vous vissiez présentement Madame Hervart; on ne parle non plus chez elle ni de vapeurs, ni de toux, que si ces ennemies du genre humain s'en étoient allées dans un autre monde. Cependant leur regne est encore de celui-ci. Il n'y a que

---

(1) On a crû devoir mettre ici cette LETTRE, parce qu'elle sert à l'intelligence de celles qui suivent.

Madame Hervart qui les ait congédiées pour toujours. Au lieu d'hôtesses si mal plaisantes, elle a retenu la gaité & les graces, & mille autres jolies choses que vous pouvez bien vous imaginer. Je me contente de voir ces deux Dames. Elles adoucissent l'absence de celles de la rue Saint-Honoré, qui véritablement nous négligent un peu ; je n'ai osé dire qu'elles nous négligent un peu trop. M. de Barillon se peut souvenir que ce sont de telles enchanteresses, qu'elles faisoient passer un vin médiocre, & une aumelette au lard, pour du nectar & de l'ambrosie. Nous pensions nous être repûs d'ambrosie, & nous soutenions que Jupiter avoit mangé l'aumelette au lard. Ce temps-là n'est plus. Les graces de la rue Saint-Honoré nous négligent. Ce sont des ingrates, à qui nous présentions plus d'encens qu'elles ne vouloient. Par ma foi, Monsieur, je crains que l'encens ne se moisisse au Temple. La Divinité qu'on y venoit adorer, en écarte tantôt un mortel & tantôt un autre, & se moque du demeurant : sans considérer ni le Comte, ni le Marquis ; aussi peu le Duc.

Tros Rutulusve fiat, nullo discrimine habebo :

Voilà la devise. Il nous est revenu de Montpellier une des premieres de la troupe ;

mais je ne voi pas que nous en soyons plus forts. Toute persuasive qu'elle est, & par son langage & par ses maniéres, elle ne relevera pas le parti. Vous êtes un de ceux qui ont le plus de sujet de la louer. Nous savons, Monsieur, qu'elle vous écrivit il y a huit jours. Aussi je n'ai rien à vous mander de sa santé, sinon qu'elle continue d'être bonne, à un rhûme près, que même cette Dame n'est point fâchée d'avoir ; car je tâche de lui persuader qu'on ne subsiste que par les rhûmes, & je croi que j'en viendrai à la fin à bout. Autrefois je vous aurois écrit une Lettre qui n'auroit été pleine que de ses louanges ; non qu'elle se souciât d'être louée ; elle le souffroit seulement, & ce n'étoit pas une chose pour laquelle elle eût un si grand mépris. Cela est changé.

J'ai vû le temps qu'Iris (& c'étoit l'âge d'or,
  Pour nous autres gens du bas monde)
J'ai vû, dis-je, le temps qu'Iris goûtoit encor,
Non cet encens commun dont le Parnasse abonde;
  Il fut toujours, au sentiment d'Iris,
   D'une odeur importune ou plate ;
   Mais la louange délicate
   Avoit auprès d'elle son prix.
Elle traite aujourd'hui cet art de bagatelle ;
Il l'endort, & s'il faut parler de bonne foi,

L'Eloge & les Vers sont pour elle,
Ce que maints Sermons sont pour moi.
J'eusse pû m'exprimer de quelque autre maniere;
Mais puisque me voilà tombé sur la matiere,
Quand le discours est froid, dormez-vous pas
aussi ?
Tout homme sage en use ainsi ;
Quarante beaux Esprits (1) certifieront ceci :
Nous sommes tout autant ; qui dormons comme
d'autres
Aux Ouvrages d'autrui ; quelquefois même aux
nôtres.
Que cela soit dit entre nous.
Passons sur cet endroit ; si j'étendois la chose,
Je vous endormirois, & ma Lettre pour vous,
Deviendroit, en Vers comme en Prose,
Ce que maints Sermons sont pour tous.

J'en demeurerai donc-là pour ce qui regarde la Dame qui vous écrivit il y a huit jours. Je reviens à Madame Hervart dont je voudrois bien aussi vous écrire quelque chose en vers. Pour cela il lui faut donner un nom de Parnasse. Comme j'y suis le parain de plusieurs belles, je veux & entend qu'à l'avenir Madame Hervart s'appelle Silvie dans tous les Domaines que je posséde sur le double Mont, & pour commencer,

(1) Messieurs de l'ACADEMIE FRANÇOISE.

C'est un plaisir de voir Silvie :
Mais n'esperez pas que mes Vers
Peignent tant de charmes divers ;
J'en aurois pour toute ma vie.
S'il prenoit à quelqu'un envie
D'aimer ce chef-d'œuvre des Cieux,
Ce quelqu'un, fût-il Roi des Cieux,
En auroit pour toute sa vie.
Votre ame en est encor ravie :
J'en suis sûr : & dis quelquefois,
„ Jamais cette beauté divine
„ N'affranchit un cœur de ses loix :
„ Notre Intendant de la Marine (1)
„ A beau courir chez les Anglois ;
„ Puisqu'une fois il l'a servie,
„ Qu'il aille & vienne à ses Emplois,
„ Il en a pour toute sa vie.
Que cette ardeur, où nous convie
Un objet si rare & si doux,
Ne soit de nulle autre suivie,
C'est un sort commun pour nous tous :
Mais je m'étonne de l'époux,
Il en a pour toute sa vie.

J'ai tort de dire que *je m'en étonne*, il faudroit au contraire s'étonner que cela ne fût pas ainsi. Comment cesseroit-il d'aimer une femme souverainement jolie, complai-

(1) Monsieur de Bonrepaux.

sante, d'humeur égale, d'un esprit doux, & qui l'aime de tout son cœur ? Vous voyez bien que toutes ces choses se rencontrant dans un seul sujet, doivent prévaloir à la qualité d'épouse. J'ai tant de plaisir à en parler, que je reprendrai une autre fois la matiere. Que Madame Hervart ne prétende pas en être quitte.

Je devrois finir par l'article de ces deux Dames. Il faut pourtant que je vous mande, Monsieur, en quel état est la chambre des Philosophes (1). Ils sont cuits, & embellissent tous les jours. J'y ai joint un autre ornement qui ne vous déplaira pas, si vous leur faites l'honneur de les venir voir, avec ceux de vos amis qui doivent être de la partie.

Mes Philosophes cuits, j'ai voulu que Socrate,
 Et Saint-Diez, mon fidéle Achate,
 Et de la gent porte-écarlate,
Hervart tout l'ornement, avec le beau Berger
 Verger (2),
 Pussent avoir quelque Musique,
 Dans le séjour Philosophique.
 Vous vous moquez de mon dessein :
 J'ai cependant un Clavessin.

---

(1) Monsieur de La Fontaine avoit fait jetter en moule de terre tous les plus grands Philosophes de l'Antiquité, qui faisoient l'ornement de sa chambre.

(2) L'Abbé Verger.

Un Claveſſin chez moi ! ce meuble vous étonne :
  Que direz-vous ſi je vous donne
  Une Cloris de qui la voix
  Y joindra ſes ſons quelquefois ?
La Cloris eſt jolie, & jeune, & ſa perſonne
  Pourroit bien ramener l'Amour
  Au philoſophique ſéjour.
Je l'en avois banni ; ſi Cloris le ramene,
  Elle aura chanſons pour chanſons.
Mes Vers exprimeront la douceur de ſes ſons.
Qu'elle ait à mon égard le cœur d'une inhumaine,
Je ne m'en plaindrai point, n'étant bon déſormais,
Qu'à chanter les Cloris, & les laiſſer en paix.
Vous autres Chevaliers, tenterez l'aventure,
Mais de la mettre à fin, fût-ce le beau Berger (1)
Qu'Oenone eut autrefois le pouvoir d'engager,
  Ce n'eſt pas choſe qui ſoit ſûre.

 J'allois fermer cette lettre quand j'ai reçu celle que vous m'avez fait l'honneur de m'écrire ; & ce que je dis au commencement n'eſt qu'une réponſe à quelque choſe qui me concerne dans la vôtre à Madame de la Sabliere. Si j'euſſe vû le témoignage ſi ample d'un ſouvenir à quoi je ne m'attendois pas, j'aurois pouſſé bien plus loin la figure & l'étonnement ; ou peut-être que je me ſerois tenu à une proteſtation toute ſimple, qu'il ne me pouvoit rien arriver de

(1) Paris.

plus agréable que ce que vous m'avez écrit de Windsor. Il y a plusieurs choses considérables, entr'autres vos deux Anacréons, Monsieur de Saint-Evremond, & Monsieur Waller, en qui l'imagination & l'amour ne finissent point. Quoi ! être Amoureux & bon Poëte à quatre-vingt-deux ans ! Je n'espére pas du Ciel tant de faveurs : c'est du *Ciel* dont il est fait mention au Pays des fables que je veux parler ; car celui que l'on prêche à présent en France, veut que je renonce aux Cloris, à Bacchus & à Apollon, trois Divinités que vous me recommandez dans la vôtre. Je concilierai tout cela le moins mal & le plus long-temps qu'il me sera possible, & peut-être que vous me donnerez quelque bon expédient pour le faire, vous qui travaillez à concilier des intérêts opposés, & qui en savez si bien les moyens. J'ai tant entendu dire de bien de Monsieur Waller, que son approbation me comble de joie. S'il arrive que ces vers-ci ayent le bonheur de vous plaire ; (ils lui plairont par conséquent) je ne me donnerois pas pour un autre ; & continuerai encore quelques années de suivre Cloris, & Bacchus, & Apollon, & ce qui s'ensuit ; avec la modération requise, cela s'entend.

Au reste, Monsieur, n'admirez-vous point Madame de Bouillon, qui porte la joie

joie par tout ? Ne trouvez-vous pas que l'Angleterre a de l'obligation au mauvais génie, qui se mêle de temps en temps des affaires de cette Princesse ? Sans lui, ce climat ne l'auroit point vûe ; & c'est un plaisir de la voir, disputant, grondant, jouant, & parlant de tout avec tant d'esprit, que l'on ne sauroit s'en imaginer davantage. Si elle avoit été du temps des Payens, on auroit déifié une quatriéme Grace pour l'amour d'elle. Je veux lui écrire, & invoquer pour cela Monsieur Waller. Mais qui est le Philosophe qu'elle a mené en ce Pays-là ? La description que vous me faites de cette Riviere, sur les bords de laquelle on va se promener, après qu'on a sacrifié long-temps au sommeil, cette vie mêlée de Philosophie, d'amour, & de vin, sont aussi d'un Poëte, & vous ne le pensiez peut-être pas être. La fin de votre Lettre, où vous dites que Monsieur Waller, & Monsieur de Saint-Evremond ne sont contens, que parce qu'ils ne connoissent pas nos deux Dames, me charme. Aussi je trouve cela très-galant, & le ferai valoir dès que l'occasion s'en présentera. Sur-tout je suivrai votre conseil, qui m'exhorte de vous attendre à Paris, où vous reviendrez aussi-tôt que les affaires le permettront. Monsieur Hessein a la fiévre, qui lui a duré continue pendant trois ou quatre jours, &

puis a cessé ; puis il est venu un redoublement que nous ne croyons pas dangereux. Il avoit été saigné trois fois jusques au jour d'hier. Je ne sai pas si depuis on y aura ajoûté une quatriéme saignée. Il n'y a nul mauvais accident dans sa maladie. Je ne doute point que les Hervart & les Saint-Diez ne fassent leur devoir de vous écrire. Ce seront des Lettres de bon endroit, & si bon que je n'en sai qu'un qui se puisse dire meilleur. Je vous le souhaite. Cependant, Monsieur, faites-moi toujours l'honneur de m'aimer, & croyez que je suis, &c.

A Paris, le 31. d'Août 1687.

LETTRE
DE MONSIEUR
DE LA FONTAINE,
A MADAME LA DUCHESSE
DE BOUILLON.

Madame,

Nous commençons ici de murmurer contre les Anglois, de ce qu'ils vous retiennent si long-temps. Je suis d'avis qu'ils vous rendent à la France avant la fin de l'Automne, & qu'en échange nous leur donnions deux ou trois Isles dans l'Océan. S'il ne s'agissoit que de ma satisfaction, je leur céderois tout l'Océan même ; mais peut-être avons-nous plus de sujet de nous plaindre de Madame votre Sœur, que de l'Angleterre. On ne quitte pas Madame la Duchesse Mazarin comme l'on voudroit. Vous êtes toutes deux environnées de ce qui fait oublier le reste du monde, c'est-à-dire, d'enchantemens, & de graces de toutes sortes.

 Moins d'amour, de ris & de jeux,
Cortége de Vénus sollicitoient pour elle,
 Dans ce différend si fameux,
 Où l'on déclara la plus belle
 La Déesse des agrémens.
 Celle aux yeux bleus, celle aux bras blancs,
Furent au Tribunal par Mercure conduites :
 Chacune étala ses talens.
Si le même débat renaissoit en nos temps,
 Le procès auroit d'autres suites,
Et vous, & votre sœur, emporteriez le prix
 Sur les Clientes de Paris.
 Tous les citoyens d'Amathonte
 Auroient beau parler pour Cypris,
 Car vous avez, selon mon compte,

Plus d'amour, de jeux & de ris.
Vous excellez en mille chofes,
Vous portez en tous lieux la joye & les plaifirs :
Allez en des climats inconnus aux Zéphirs,
Les champs fe vêtiront de rofes.
Mais comme aucun bonheur n'eft conftant dans fon cours,
Quelques noirs aquilons troublent de fi beaux jours.
C'eft-là que vous favez témoigner du courage,
Vous envoyez au vent ce fâcheux fouvenir :
Vous avez cent fecrets pour combattre l'orage,
Que n'en aviez-vous un qui le sût prévenir !

On m'a mandé que Votre Alteffe étoit admirée de tous les Anglois, & pour l'efprit & pour les maniéres, & pour mille qualités qui fe font trouvées de leur goût. Cela vous eft d'autant plus glorieux, que les Anglois ne font pas de fort grands admirateurs : je me fuis feulement apperçû qu'ils connoiffent le vrai mérite, & en font touchés.

Votre Philofophe a été bien étonné quand on lui a dit que Defcartes n'étoit pas l'inventeur de ce Syftême que nous appellons la *Machine des Animaux*; & qu'un Efpagnol l'avoit prévenu (1). Cependant

---

(1) Voyez le DICTIONNAIRE de M. Bayle à l'Article PEREIRA.

quand on ne lui en auroit point apporté de preuves, je ne laisserois pas de le croire, & ne sai que les Espagnols qui pussent bâtir un Château tel que celui-là. Tous les jours je découvre ainsi quelqu'Opinion de Descartes, répandue de côté & d'autre dans les ouvrages des Anciens, comme celle-ci; qu'il n'y a point de *Couleurs* au monde. Ce ne sont que de différens effets de la lumiere sur de différentes superficies. Adieu les lys, & les roses de nos Amintes. Il n'y a ni peau blanche, ni cheveux noirs; notre passion n'a pour fondement qu'un corps sans couleur : & après cela, je ferai des vers pour la principale beauté des Femmes ?

Ceux qui ne seront pas suffisamment informés de ce que fait Votre Altesse, & de ce qu'elle voudroit savoir, sans se donner d'autre peine que d'en entendre parler à table, me croiront peu judicieux de vous entretenir ainsi de Philosophie; mais je leur apprens que toutes sortes de sujets vous conviennent, aussi-bien que toutes sortes de Livres, pourvû qu'ils soient bons.

Nul Auteur de renom n'est ignoré de vous,
  L'accès leur est permis à tous.
Pendant qu'on lit leurs vers vos chiens ont beau se
   battre,
Vous mettez le Hola en écoutant l'Auteur;

Vous égalez ce Dictateur
Qui dictoit tout d un temps à quatre.

C'étoit, ce me semble, Jule César; il faisoit à la fois quatre dépêches sur quatre matiéres différentes. Vous ne lui devez rien de ce côté-là; & il me souvient qu'un matin vous lisant des vers, je vous trouvai en même-temps attentive à ma lecture, & à trois querelles d'Animaux. Il est vrai qu'ils étoient sur le point de s'étrangler. *Jupiter le Conciliateur* n'y auroit fait œuvre. Qu'on juge par-là, Madame, jusqu'où votre imagination peut aller, quand il n'y a rien qui la détourne. Vous jugez de mille sortes d'Ouvrages, & en jugez bien.

Vous savez dispenser à propos votre estime,
 Le pathétique, le sublime;
 Le sérieux, & le plaisant,
 Tour à tour vous vont amusant.
 Tout vous duit, l'Histoire & la Fable,
 Prose & Vers, Latin & François:
 Par Jupiter je ne connois
 Rien pour nous de si souhaitable.
 Parmi ceux qu'admet à sa Cour
Celle qui des Anglois embellit le séjour,
Partageant avec vous tout l'Empire d'Amour,
 Anacréon & les gens de sa sorte,
  Comme Waller, Saint-Evremond & moi,

Ne se feront jamais fermer la porte.
Qui n'admettroit Anacréon chez soi ?
Qui banniroit Waller & la Fontaine ?
Tous deux sont vieux, Saint-Evremond aussi :
Mais verrez-vous aux bords de l'Hippocrene,
Gens moins ridés dans leurs Vers que ceux-ci ?
  Le mal est que l'on veut ici
  De plus séveres Moralistes :
Anacréon s'y tait devant les Jansénistes.
Encor que leurs leçons me semblent un peu
  tristes,
  Vous devez priser ces Auteurs,
  Pleins d'esprit, & bons disputeurs.
Vous en savez goûter de plus d'une maniére ;
Les Sophocles du temps, & l'illustre Moliere,
Vous donnent toujours lieu d'agiter quelque
  point,
  Sur quoi ne disputez-vous point ?

 A propos d'Anacréon, j'ai presque envie d'évoquer son Ombre ; mais je pense qu'il vaudroit mieux le ressusciter tout-à-fait. Je m'en irai pour cela trouver un Gymnosophiste de ceux qu'alla voir Apollonius Tyaneus. Il apprit tant de choses d'eux qu'il ressuscita une jeune fille. Je ressusciterai un vieux Poëte. Vous & Madame Mazarin nous rassemblerez. Nous nous rencontrerons en Angleterre. Monsieur Waller, Monsieur de Saint-Evremond, le vieux Grec, & moi. Croyez-vous, Madame, qu'on pût trouver quatre Poëtes mieux assortis?

Il nous feroit beau voir parmi de jeunes gens,
Inspirer le plaisir, la tristesse combattre;
Et de fleurs couronnés ainsi que le Printemps,
 Faire trois cens ans à nous quatre.

Après une entrevûe comme celle-là, & que j'aurai renvoyé Anacréon aux Champs Elisées, je vous demanderai mon audience de congé. Il faudra que je voye auparavant cinq ou six Anglois, & autant d'Angloises, (les Angloises sont bonnes à voir, à ce que l'on dit). Je ferai souvenir notre Ambassadeur, de la rue neuve des Petits-Champs, & de la dévotion que j'ai toujours eûe pour lui. Je le prierai, & Monsieur de Bonrepaux, de me charger de quelques dépêches. Ce sont à peu près toutes les affaires, que je puis avoir en Angleterre. J'avois fait aussi dessein de convertir Madame Hervart, Madame de Gouvernet, & Madame Eland, parce que ce sont des personnes que j'honore; mais on m'a dit que je ne trouverois pas les sujets encore assez disposés. Or je ne suis bon, non plus que *Perrin Dendin* (1), que quand les parties sont lasses de contester. Une chose que

(1) Voyez RABELAIS, Livre III. Ch. 39.

je souhaiterois avant toutes, ce seroit que l'on me procurât l'honneur de faire la révérence au Monarque; mais je n'oserois l'espérer. C'est un Prince qui mérite qu'on passe la mer afin de le voir, tant il a de qualités convenables à un Souverain, & de véritable passion pour la gloire. Il n'y en a pas beaucoup qui y tendent, quoique tous le dûssent faire en ces places-là.

 Ce n'est pas un vain phantôme
 Que la gloire & la grandeur;
 Et STUART en son Royaume,
 Y court avec plus d'ardeur
 Qu'un Amant à sa Maitresse.
 Ennemi de la mollesse,
 Il gouverne son Etat
 En habile Potentat.
 De cette haute science
 L'Original est en France
 Jamais on n'a vû de Roi
 Qui sût mieux se rendre maître;
 Fort souvent jusques à l'être
 Encor ailleurs que chez soi.
 L'art est beau, mais toutes têtes
 N'ont pas droit de l'exercer:
 LOUIS a sû s'y tracer
 Un chemin par ses Conquêtes;
 On trouvera ses leçons
 Chez ceux qui feront l'Histoire:

J'en laisse à d'autres la gloire,
Et reviens à mes moutons.

Ces Moutons, Madame, c'est votre Altesse, & Madame Mazarin. Ce seroit ici le lieu de faire aussi son Eloge, afin de le joindre au vôtre : mais comme ces sortes d'Eloges sont une matiére un peu délicate, je crois qu'il vaut mieux que je m'en abstienne. Vous vivez en Sœurs, cependant il faut éviter la comparaison.

L'or se peut partager, mais non pas la louange.
Le plus grand Orateur, quand ce seroit un Ange,
Ne contenteroit pas en semblables desseins,
Deux Belles, deux Héros, deux Auteurs, ni
    deux Saints.

Je suis avec un profond respect, &c.

RÉPONSE
DE MONSIEUR
DE SAINT-EVREMOND,
A LA LETTRE
DE MONSIEUR
DE LA FONTAINE,
A MADAME LA DUCHESSE
DE BOUILLON.

SI vous étiez aussi touché du mérite de Madame de Bouillon, que nous en sommes charmés, vous l'auriez accompagnée en Angleterre, où vous eussiez trouvé des Dames qui vous connoissent autant par vos Ouvrages, que vous êtes connu de Madame de la Sabliere, par votre commerce & votre entretien. Elles n'ont pas eu le plaisir de vous voir, qu'elles souhaitoient fort : mais elles ont celui de lire une Lettre assez galante & assez ingénieuse, pour donner de la jalousie à Voiture, s'il vivoit encore. Madame de Bouillon, Madame Mazarin, & Monsieur l'Ambassadeur, ont voulu que j'y fisse une espéce de réponse. L'entreprise est difficile ; je ne laisserai pas de me mettre en état de leur obéir.

 Je ne parlerai point des Rois ;
Ce sont des Dieux vivans que j'adore en silence ;
Loués à notre goût & non pas à leur choix,
 Ils méprisent notre éloquence.
Dire de leur valeur ce qu'on a dit cent fois
Du mérite passé de quelqu'autre vaillance,
Donner un tour antique à de nouveaux exploits :
C'est, des vertus du temps, ôter la connoissance.
 J'aime à leur plaire en respectant leurs droits ;
  Rendant toujours à leur puissance
  A leurs volontés, à leurs loix,
  Une parfaite obéissance.
 Sans moi leur gloire a sû passer les mers,
  Sans moi leur juste renommée
  Par toute la terre est semée :
  Ils n'ont que faire de mes vers.

Madame de Bouillon se passeroit bien de ma Prose, après avoir lû le bel Eloge que vous lui avez envoyé. Je dirai pourtant qu'elle a des graces qui se répandent sur tout ce qu'elle fait, & sur tout ce qu'elle dit ; qu'elle n'a pas moins d'acquis que de naturel ; de savoir que d'agrément. En de contestations assez ordinaires, elle dispute toujours avec esprit; souvent, à ma honte, avec raison; mais une raison animée qui paroît de la passion aux connoisseurs médiocres, & que les délicats même auroient peine à distinguer de la colere dans une personne moins aimable.

Je passerai le chapitre de Madame Mazarin, comme celui des Rois, dans le silence d'une secrette adoration. Travaillez, Monsieur, tout grand Poëte que vous êtes, travaillez à vous former une belle idée; & malgré l'effort de votre esprit, vous serez honteux de ce que vous aurez imaginé, quand vous verrez une personne si admirable.

  Ouvrages de la fantaisie,
  Fictions de la Poësie,
  Dans vos chefs-d'œuvres inventés,
Vous n'avez rien d'égal à ses moindres beautés.
  Loin d'ici figures usées,
  Loin, comparaisons méprisées :
Ce seroit embellir la lumiére des Cieux,
Que de la comparer à l'éclat de ses yeux.
  Belle Grecque, fameuse Héléne,
  Ne quittez point les tristes bords
  Où regne votre Ombre hautaine :
  Vous êtes moins mal chez les morts;
  Vous ne souffrez pas tant de peine

Que vous en souffririez à voir tous les trésors
  Que nature, d'une main pleine,
  A répandu sur ce beau corps.
Quand le Ciel vous rendroit votre forme pre-
  miere,
Que vos yeux aujourd'hui reverroient la lumiere,
A quoi vous serviroient & ces yeux & ce jour,
Qu'à vous en faire voir qui donnent plus d'amour ?
Vous passez votre temps en vos demeures sombres,
  A conter aux nouvelles Ombres,
  Amours, Avantures, Combats ;
  A les entretenir là-bas
  De la vieille guerre de Troye,
Qui sert d'amusement au défaut de la joye.
  Mais ici que trouveriez-vous
  Qui n'excitât votre courroux ?
  Vous verriez devant vous des charmes,
Maîtres de nos soupirs & de nos tendres larmes ;
  Vous verriez fumer leurs autels,
  De l'encens de tous les mortels,
  Tandis que morne & solitaire,
  L'ame triste, l'esprit confus,
  Vous vous sauveriez chez Homere,
Et passeriez les nuits avec nos Vossius,
  A chercher dans un Commentaire
Vos mérites passés qu'on ne connoîtroit plus.
  Belle Grecque, fameuse Héléne,
  Ne quittez pas les tristes bords
  Où regne votre Ombre hautaine,

Tout regne est bon, & fût-ce chez les morts.
Et vous, Beautés, qu'on loue en son absence,
Attraits nouveaux, doux & tendres appas,
Qu'on peut aimer où Mazarin n'est pas,
Empêchez-la de revenir en France :
Par tous moyens traversez son retour,
Jeunes beautés, tremblez au nom d'Hortence,
Si la mort d'un Epoux la rend à votre Cour,
Vous ne soutiendrez pas un moment sa présence.
Mais à quoi bon tout ce discours
Que vous avez fait sur Héléne,
COMBATS, AVANTURES, AMOURS,
Ces TRISTES BORDS, & cet OMBRE HAU-
TAINE :
Sans vous donner excuse ni détours,
Je vous dirai, Monsieur de la Fontaine,
Que tels propos vous sembleroient bien courts
Si tel objet animoit votre veine.
La régle gêne, on ne la garde plus,
On joint Héléne au docte Vossius,
Comme souvent, de loisir, sans affaires,
On fait *dicter à quatre* Secrétaires.
Les premieres beautés ont droit au merveilleux,
La basse vérité se tient indigne d'elles :
Il faut de l'incroyable, il faut du fabuleux,
Pour les Héros & pour les Belles.

La solidité de Monsieur l'Ambassadeur l'a rendu assez indifférent pour les louanges qu'on lui donne : mais quelque rigueur qu'il tienne à son mérite, quelque sévére qu'il soit à lui-même, il ne laisse pas d'être touché secretement de ce que vous avez écrit pour lui. Je voudrois que ma Lettre fût assez heureuse pour avoir le même succès auprès de vous.

 Vous possédez tout le bon sens
Qui sert à consoler des maux de la vieillesse :
Vous avez plus de feux que n'ont les jeunes gens,
 Eux, moins que vous de goût & de justesse.

Après avoir parlé de votre esprit, il faut dire quelque chose de votre morale.

 S'accommoder aux ordres du destin ;
 Aux plus heureux ne porter point d'envie ;
 Du faux esprit que prend un libertin,
 Avec le temps, connoître la folie,
 Et dans les Vers, Jeu, Musique, bon Vin,
 Passer en paix une innocente vie,
 C'est le moyen d'en reculer la fin.

Monsieur Waller, dont nous regrettons la perte, a poussé la vigueur de l'esprit jusqu'à l'âge de quatre-vingt-deux ans (1) :

 Et dans la douleur que m'apporte
 Ce triste & malheureux trépas,

(1) M. Waller mourut le 31. d'Octobre 1687.

Je dirois en pleurant que toute Muſe eſt morte,
    Si la vôtre ne vivoit pas.
O vous, nouvel Orphée, ô vous de qui la veine
Peut charmer des Enfers la noire Souveraine,
Et le Dieu ſon époux, ſi terrible, dit-on,
    Daignez, tout-puiſſant la Fontaine,
  Des lieux obſcurs où notre ſort nous méne,
    Tirer Waller au lieu d'Anacréon.

  Mais il n'eſt permis de demander ces ſortes de ſoulagemens qu'en Poëſie ; on ſait qu'aucun mérite n'exempte les hommes de la néceſſité de mourir, & que la vertu d'aucun charme, aucune priere, aucuns regrets ne peuvent les rendre au monde, quand ils en ſont une fois ſortis.

Si la bonté des mœurs, la beauté du génie,
Pouvoient ſauver quelqu'un de cette tyrannie,
    Que la Mort exerce ſur tous ;
    Waller, vous ſeriez parmi nous
Arbitre délicat en toute compagnie
    Des plaiſirs les plus doux.

  Je paſſe de mes regrets pour la Muſe de M. Waller, à des ſouhaits pour la vôtre.

  Que plus long-temps votre Muſe agréable
  Donne au public ſes Ouvrages galans !
  Que tout chez vous puiſſe être CONTE &
    FABLE,

Hors le secret de vivre heureux cent ans !

Il ne seroit pas raisonnable que je fisse tant de vœux pour les autres, sans en faire quelqu'un pour moi.

Puisse de la beauté le plus parfait modelle,
A mes vers, à mes soins, laisser leurs foibles droits ;
Que l'avantage heureux de vivre sous ses loix
　　Me tienne lieu de mérite auprès d'elle !
Que le feu de ses yeux m'inspire les esprits
Qui depuis si long-temps m'ont conservé la vie !
Qu'une secrette ardeur anime mes Ecrits !
Que me serviroit-il de parler d'autre envie ?
　　　　Où cesse l'amoureux desir
Il faut que la raison nous serve de plaisir.

RÉPONSE
DE MONSIEUR
DE LA FONTAINE,
A MONSIEUR
DE SAINT-EVREMOND.

NI vos leçons, ni celles des neufs Sœurs,
N'ont sû charmer la douleur qui m'accable :
Je souffre un mal qui résiste aux douceurs
Et ne saurois rien penser d'agréable.
Tout Rhumatisme, invention du diable,
Rend impotent & de corps & d'esprit ;
Il m'a fallu, pour forger cet Ecrit,
Aller dormir sur la tombe d'Orphée ;
Mais je dors moins que ne fait un proscrit,
Moi, dont l'Orphée étoit le Dieu Morphée.
Si me faut-il répondre à vos beaux Vers,
A votre Prose, & galante & polie.
Deux Déïtés par leurs charmes divers,
Ont d'agrémens votre lettre remplie :
Si celle-ci n'est autant accomplie,
Nul ne s'en doit étonner à mon sens ;
Le mal me tient, Hortence vous amuse,

Cette Déesse, outre tous vos talens,
Vous est encore une dixiéme Muse :
Les neuf m'ont dit adieu jusqu'au printemps.

Voilà, Monsieur, ce qui m'a empêché de vous remercier aussi-tôt que je le devois, de l'honneur que vous m'avez fait de m'écrire. Moins je méritois une Lettre si obligeante, plus j'en dois être reconnoissant. Vous me louez de mes Vers & de ma Morale, & cela de si bonne grace, que la morale a fort à souffrir, je veux dire la modestie.

L'Eloge qui vient de vous,
Est glorieux & bien doux :
Tout le monde vous propose
Pour modéle aux bons Auteurs ;
Vos beaux Ouvrages sont cause,
Que j'ai sû plaire aux neuf Sœurs.
Cause en partie, & non toute ;
Car vous voulez bien sans doute,
Que j'y joigne les Ecrits
D'aucuns de nos beaux esprits.
J'ai profité dans Voiture,
Et Marot par sa lecture,
M'a fort aidé, j'en conviens :
Je ne sai qui fut son Maître ;
Que ce soit qui le peut être,
Vous êtes tous trois les miens.

J'oubliois Maître François (1), dont je me dis encore le disciple, aussi-bien que celui de Maître Vincent, & celui de Maître Clément. Voilà bien des Maîtres pour un Ecolier de mon âge. Comme je ne suis pas fort savant en certain art de railler, où vous excellez, je prétens en aller prendre de vous des leçons sur les bords de l'Hipocrene; (bien entendu qu'il y ait des bouteilles qui rafraîchissent). Nous serons entourés de Nimphes & de Nourrissons du Parnasse, qui recueilleront sur leurs tablettes les moindres choses que vous direz. Je les vois d'ici qui apprennent dans votre école à juger de tout avec pénétration & avec finesse.

  Vous possédez cette Science ;
Vos jugemens en sont les régles & les loix ;
Outre certains Ecrits que j'adore en silence,
Comme vous adorez Hortence & les deux Rois.

Au même endroit où vous dites que vous voulez rendre un culte secret à ces trois puissances, aussi-bien à Madame Mazarin qu'aux deux Princes ; vous me faites son Portrait en disant qu'il est impossible de le bien faire, & en me donnant la liberté de me figurer des Beautés & des Graces à ma fantaisie. Si j'entreprens d'y toucher, vous

(1) Rabelais.

défiez en son nom la vérité & la fable, & tout ce que l'imagination peut fournir d'idées agréables & propres à enchanter. Je vous ferois mal ma cour, si je me laissois rebuter par de telles difficultés. Il faut vous représenter votre Héroïne autant que l'on peut. Ce projet est un peu vaste pour un génie aussi borné que le mien. L'entreprise vous conviendroit mieux qu'à moi, que l'on a crû jusqu'ici ne savoir représenter que des Animaux. Toutefois, afin de vous plaire, & pour rendre ce Portrait le plus approchant qu'il sera possible, j'ai parcouru le Pays des Muses, & n'y ai trouvé en effet que de vieilles expressions que vous dites que l'on méprise. De-là, j'ai passé au Pays des Graces, où je suis tombé dans le même inconvénient. Les jeux & les ris sont encore des galanteries rebattues, que vous connoissez beaucoup mieux que je ne fais. Ainsi, le mieux que je puisse faire, est de dire tout simplement que rien ne manque à votre Héroïne de ce qui plaît, & de ce qui plaît un peu trop.

 Que vous dirai-je davantage ?
 Hortence eut du Ciel en partage
La Grace, la Beauté, l'Esprit ; ce n'est pas tout :
Les qualités du cœur ; ce n'est pas tout encore :
Pour mille autres appas le monde entier l'adore,
 Depuis l'un jusqu'à l'autre bout.

L'Angleterre en ce point le difpute à la France :
Votre Héroïne rend nos deux peuples rivaux.
  O vous, le chef de fes dévots,
  De fes dévots à toute outrance,
  Faites-nous l'Eloge d'Hortence !
Je pourrois en charger le Dieu du double Mont,
  Mais j'aime mieux Saint-Evremond.

Que direz-vous d'un deffein qui m'eft venu dans l'efprit ? Puifque vous voulez que la gloire de Madame Mazarin rempliffe tout l'univers, & que je voudrois que celle de Madame de Bouillon allât au-delà ; ne dormons ni vous, ni moi, que nous n'ayons mis à fin une fi belle entreprife. Faifons-nous Chevaliers de la Table ronde; auffi-bien eft-ce en Angleterre que cette Chevalerie a commencé. Nous aurons deux Tentes en notre équipage ; & au haut de ces deux Tentes, les deux Portraits des Divinités que nous adorons.

Au paffage d'un Pont, ou fur le bord d'un Bois,
Nos Hérauts publieront ce Ban à haute voix :
MARIANE fans pair, HORTENCE fans
  feconde,
 Veulent les cœurs de tout le monde.
Si vous en êtes crû, le parti le plus fort
  Panchera du côté d'Hortence ;
Si l'on m'en croit auffi, Mariane d'abord

Doit faire incliner la balance.
Hortence ou Mariane, il faut y venir tous :
Je n'en sai point de si profane
Qui d'Hortence évitant les coups,
Ne céde à ceux de Mariane.
Il nous faudra prier Monsieur l'Ambassadeur
Que sans égard à notre ardeur,
Il fasse le partage ; à moins que des deux Belles
Il ne puisse accorder les droits.
Lui dont l'esprit foisonne en adresses nouvelles
Pour accorder ceux des deux Rois.

Nous attendrons le retour des feuilles, & celui de ma santé ; autrement il me faudroit chercher en litiere les avantures. On m'appelleroit le *Chevalier du rhumatisme* ; Nom qui, ce me semble, ne convient guére à un Chevalier errant. Autrefois que toutes saisons m'étoient bonnes, je me serois embarqué sans raisonner.

Rien ne m'eût fait souffrir, & je crains toute
chose ;
En ce point seulement je ressemble à l'Amour :
Vous savez qu'à sa Mere il se plaignit un jour
Du pli d'une feuille de Rose.
Ce pli l'avoit blessé. Par quels cris forcenés
Auroit-il exprimé sa plainte,
Si de mon rhumatisme il eût senti l'atteinte ?
Il eût été puni de ceux qu'il a donnés.

C'est

C'est dommage que Monsieur Waller nous ait quittés, il auroit été du voyage. Je ne devrois peut-être pas le faire entrer dans une Lettre aussi peu sérieuse que celle-ci. Je crois toutefois être obligé de vous rendre compte de ce qui lui est arrivé au-delà du Fleuve d'Oubli. Vous regarderez cela comme un songe, & c'en est peut-être un; cependant la chose m'est demeurée dans l'esprit comme je vais vous la dire.

 Les beaux Esprits, les Sages, les Amans,
 Sont en débat dans les Champs Elisées :
 Ils veulent tous en leurs départemens
 Waller pour hôte, Ombre de mœurs aisées.
 Pluton leur dit : *J'ai vos raisons pesées,*
 Cet Homme sut en quatre Arts exceller,
 Amour & Vers, Sagesse & Beau parler ;
 Lequel d'eux tous l'aura dans son Domaine?
 » Sire Pluton, vous voilà bien en peine
 » S'il possédoit ces quatre Arts en effet,
 » Celui d'Amour, c'est chose toute claire,
 » C'est un métier qui les autres fait faire.

J'en reviens à ce que vous dites de ma morale, & suis fort aise que vous ayez de moi l'opinion que vous en avez. Je ne suis pas moins ennemi que vous, du faux air d'esprit que prend un libertin. Quiconque l'affectera, je lui donnerai la palme du ridicule.

  Rien ne m'engage à faire un Livre,
  Mais la raison m'oblige à vivre
En sage citoyen de ce vaste Univers;
Citoyen qui voyant un Monde si divers,
  Rend à son Auteur les hommages
  Que méritent de tels ouvrages.
Ce devoir acquitté, les beaux Vers, les doux
  sons,
  Il est vrai, sont peu nécessaires :
  Mais qui dira qu'ils sont contraires
  A ces éternelles leçons ?
On peut goûter la joye en diverses façons ;
Au sein de ses amis répandre mille choses,
Et recherchant de tout les effets & les causes,
A table, au bord d'un bois, le long d'un clair
  ruisseau,
Raisonner avec eux sur le Bon, sur le Beau ;
Pourvû que ce dernier se traite à la légere,
  Et que la Nimphe ou la Bergere
N'occupe notre esprit & nos yeux qu'en passant.
  Le chemin du cœur est glissant ;
Sage Saint-Evremond, le mieux est de m'en taire,
Et surtout n'être plus Chroniqueur de Cythere,
  Logeant dans mes Vers les Cloris,
  Quand on les chasse de Paris.
  On va faire embarquer ces belles,

Elles s'en vont peupler l'Amérique d'Amours (1):
Que maint Auteur puisse avec elles,
Passer la Ligne pour toujours,
Ce seroit un heureux passage !
Ah ! si tu les suivois, tourment qu'à mes vieux jours
L'hiver de nos climats promet pour appanage !
Triste fils de Saturne, hôte obstiné d'un lieu,
Rhumatisme va-t-en. Suis-je ton héritage ?
Suis-je un Prélat ? Crois-moi, consens à notre adieu :
Déloge enfin, on dis que tu veux être cause
Que mes Vers, comme toi, deviennent mal plaisans.
S'il ne tient qu'à ce point, bientôt l'effort des ans,
Fera sans ton secours cette métamorphose ;
De bonne heure il faudra s'y résoudre sans toi.
Sage Saint Evremond, vous vous moquez de moi :
De bonne heure ! Est-ce un mot qui me convienne encore !
A moi qui tant de fois ai vû naître l'aurore,
Et de qui les soleils se vont précipitant
Vers le moment fatal que je vois qui m'attend.

Madame de la Sabliere se tient extrêmement honorée de ce que vous vous êtes souvenu d'elle, & m'a prié de vous en remer-

---

(1) Dans le temps que M. de la Fontaine écrivit cette LETTRE, on fit enlever à Paris un grand nombre de Courtisanes, qu'on envoya peupler l'Amérique.

cier. J'espere que cela me tiendra lieu de recommandation auprès de vous, & que j'en obtiendrai plus aisément l'honneur de votre amitié. Je vous la demande, Monsieur, & vous prie de croire que personne n'est plus véritablement que moi, Votre, &c.

A Paris, ce 18. *Décembre* 1687.

SUR LA MORT
DE MONSIEUR LE MARECHAL
DE CREQUI (1).

CREQUI, dont le mérite eut pour nous tant
   de charmes,
Dont la valeur faisoit l'ordinaire entretien ;
  Honneur des Lettres & des Armes ;
Contre nos ennemis le plus ferme soutien,
Et pour eux un sujet d'éternelles allarmes:
De tant de qualités il ne te reste rien ;
  CREQUI, nos soupirs & nos larmes,
Nos regrets aujourd'hui sont ton unique bien.

(1) Le Maréchal de Créqui mourut en 1687.

LETTRE
A MONSIEUR ***.

JE n'ai jamais vû de queſtion agitée ſi long-temps, & ſi fortement que celle de l'HONNEUR & de la RAISON l'a été chez Madame Mazarin ; & ce qu'il y a eu de merveilleux, c'eſt que les Diſputans ont paſſé l'un & l'autre dans le parti de leur adverſaire ſans y penſer.

Monſieur de Villiers, le tenant de l'*Honneur* & de la *Raiſon* (1), a ſoutenu ſon ſentiment avec tant d'ardeur & de véhémence, qu'il ſembloit favoriſer les paſſions par ſes mouvemens propres. Madame Mazarin qui faiſoit l'office de l'aſſaillant, attaquoit les ennemis jurés des plaiſirs, avec tant de ſang froid, qu'elle ſembloit être dans l'intérêt de la *Raiſon*. Elle ne laiſſoit pas de demander à M. de Villiers ce que c'étoit que l'HONNEUR & la RAISON. Monſieur de Villiers répondoit que c'étoit aſſez pour lui qu'il y eût telles choſes dans le monde, ſans qu'il eût beſoin de les définir. Il ne

---

(1) M. de Villiers, un des Receveurs de l'Echiquier, tournoit toujours la converſation ſur l'*Honneur* & ſur la *Raiſon*.

laissa pas d'apporter quelques définitions un peu vagues ; & comme il voyoit que la compagnie ne s'en contentoit pas trop, il alloit passer aux exemples, quand la Musique vint à propos pour finir la contention, & appaiser des esprits, qui commençoient plus que raisonnablement à s'échauffer.

LES NOCES D'ISABELLE.

SCENE EN MUSIQUE.

UN VIEUX POETE, UN JEUNE MUSICIEN, ISABELLE, MILONIO.

LE POETE à *Isabelle*.

ON vous trouve belle,
Chacun vous le dit ;
Mais être cruelle,
Nourrie à Madrid,
C'est, Dame Isabelle,
Chose assez nouvelle,

Qui sur mon esprit
A peu de crédit.
Les Violons répétent l'Air entier.
LE MUSICIEN.
Chaſſons de notre ame
L'amoureux tourment;
Heureuſe une Dame,
Heureux un Amant
Qui donne à ſa flamme
Prompt contentement.
Les Violons répétent l'Air entier.
ISABELLE.
Que dure en notre ame
L'amoureux tourment?
Heureuſe une Dame,
Heureux un Amant
Qui garde ſa flamme
Eternellement.
Les Flûtes.
LE POETE.
Bien que chaque jour un rhume me mette
En vieillard caduc proche du trépas;
J'eſpere au braſier de l'Eſpagnolette,
Aux feux ſouterrains, au fond des appas,
Que je trouverai la vigueur ſecrette,
Qu'un plus jeune ailleurs ne trouveroit pas.
LE MUSICIEN.
Avant que de tenter la douteuſe carriere
Tu devrois imiter les dévots Amadis,

En faisant au Ciel ta priere,
Comme ces Preux faisoient au temps jadis.

LE POETE.

Pourquoi d'inutiles paroles
Irois-je fatiguer les cieux ?
Avec les Dames Espagnoles
Il n'est gens ni foibles, ni vieux.

LE MUSICIEN.

Si la vertu de tes paroles
N'obtient un miracle des cieux,
Avec tes Dames Espagnoles
Tu seras bien foible & bien vieux.

UN TRIO.

Voix, Instrumens,
Agréable Harmonie,
De nos sons différens
Soit la douceur unie.

ISABELLE.

Faites que nos tendres accens
Expriment bien nos desirs innocens.

LE POETE.

Jeunes & vieux, chantons tous qu'une Belle
Née à Madrid doit être moins cruelle :
Que chacun tâche à flatter ses desirs
Par des Amours, des Jeux, & des Plaisirs.

Les Violons.

ISABELLE.

L'Espagnolette.
N'est point coquette :

C'est

DE SAINT-EVREMOND.

C'est flatter en vain ses desirs
Que d'en espérer des plaisirs.

Les Flûtes.

LE POETE & LE MUSICIEN *ensemble.*

L'Espagnolette
N'est point coquette ;
Mais sans trop flatter nos desirs
Nous en espérons des plaisirs.

Les Violons.

UN TRIO.

Non, non, c'est flatter vos desirs
Que d'en espérer des plaisirs :
Non, non, non, non, c'est flatter vos desirs
Que d'en espérer des plaisirs.

ISABELLE.

Que Don Milonio s'apprête ;
Sans lui point d'amoureuse fête :
Pour trouver un moment si doux
Il faut devenir mon Epoux.

MILONIO.

Parlez, Vieillard ; parlez, Paisible (1)
Goûterez-vous un bonheur si sensible ?

LE POETE.

Je veux bien lui donner ma foi.

LE MUSICIEN.

Je veux bien vivre sous sa loi.

MILONIO.

Et pour vous, Madame Isabelle ?

(1) Fameux Musicien.

ISABELLE.
Autant que je pourrai, je leur ferai fidelle.

LE POETE & LE MUSICIEN *ensemble.*
Dépêchez-vous, le temps se perd.

MILONIO.
Conjungo vos tout le Concert,
Et dure à jamais l'Alliance
Entre la Castille & la France.

LE CHŒUR.
Et dure à jamais l'alliance
Entre la Castille & la France.

ISABELLE.
Que d'Epoux à Londres, à Paris,
Pluralité soit établie :
Pour venger les Femmes d'Asie,
Ayons ici des sérails de Maris.

LE CHŒUR.
Chantons tous aux Nôces d'Isabelle
Chose nouvelle :
Chantons tous
Pluralité d'Epoux.
Le Vieillard fournira tous les jours
Oilles, perdrix, & vin nouveau pour elle ;
Paisible aura soin des amours
Pour servir à toute heure la belle.

Les Violons & les Voix.

LES MARIE'S & LA MARIE'E.
Pour jamais unissons nos vœux,

Et conservons de si beaux nœuds.
Les Violons & les Hautbois.
LE CHŒUR.
Chantons tous aux Nôces d'Isabelle,
Chose nouvelle,
Chantons tous,
Pluralité d'Epoux.
LES MARIE'S & LA MARIE'E.
Pour jamais unissons nos vœux,
Et conservons de si beaux nœuds.

A MADAME LA DUCHESSE DE BOUILLON,
SUR SON DE'PART D'ANGLETERRE.

VOus nous avez sauvé les larmes
Qu'on répand aux tristes Adieux ;
Mais le souvenir de vos charmes
Tous les jours en coûte à nos yeux.
Monsieur l'Ambassadeur (1) a bien voulu paroître
Capable de ce déplaisir,
Quand les soins de servir son maître,
De pouvoir s'affliger lui laissoient le loisir.

(1) Monsieur de Barillon.

Monsieur de Bonrepaux a loué le mérite
  De votre résolution,
Et parle hautement à la Cour, en visite,
  Du brio de votre action.
Un Héros tout à vous, & sur mer, & sur terre (1)
Retourne glorieux d'avoir eu dans son sein
  La confiance d'un dessein,
  Qui sentoit la ruse de guerre.
Tel sur qui vous avez, dites-vous le cœur net (2),
A fait cent & cent vœux pour votre heureux pas-
  sage ;
Pour ses propres périls il garde son courage,
De vos moindres dangers il paroît inquiet.
  La belle & dolente Duchesse (3)
  Porte dans le Jeu sa langueur,
  Et nous découvre la tristesse
Que votre prompt départ a laissé dans son cœur.
Là, par amusement tentant une fortune
Qui l'attire en public, en secret l'importune ;
Là, voyant des Metteurs l'étrange emportement,
Rêveuse, elle s'attache à votre éloignement ;
Et malgré qu'elle en ait, la douleur & les larmes
Qu'elle voudroit cacher, embellissent ses char-
  mes.
  Dant un état si languissant
  Elle empoche quelques guinées
  Du jeu prudemment détournées,

---

(1) Le Marquis de Mire-
mont.

(2) Le Comte de Roye.
(3) Madame Mazarin.

Pour se donner entiere à l'ennui qu'elle sent.
Hélas que ne peut point l'amitié sur une ame !
  Elle se retire à l'instant ;
  Je connois votre cœur, Madame,
  Vous en ferez pour elle autant.
  Ce n'est plus que condoléance,
  Mademoiselle (1) s'attendrit,
  Et fait passer pour impudence
  L'air libre de quiconque rit.
  La douleur fait la bienséance,
  Le ton lugubre est en crédit ;
  Par tout on pleure votre absence,
  Hors chez les Banquiers où l'on dit
  Qu'il paroit beaucoup de constance.
  Le Ponte ici déconcerté,
  Va demandant à tout le monde,
Si l'appui des Metteurs s'est enfin absenté.
» N'aurons-nous plus, dit-il, d'autorité qui
  gronde
» Un Tailleur insolent prêt à nous désoler ;
» Et, si nous le volons, qui fiérement réponde,
» Et soutienne les Droits qu'a le Ponte à voler ?
Dix femmes, comme échos, répétent à la ronde
En soutenant les Droits qu'a le Ponte à voler.
Le spectateur oisif, & stérile en guinées,
Attendant du souper le desiré moment,
  Se joint à ces infortunées,
Heureux de pouvoir dire un mot impunément.

(1) Mademoiselle Béverweert.

De nos joueurs d'Echets les ames condamnées
    A rêver éternellement,
De leur profond silence ont été détournées,
Et tous les corps unis ont crié hautement :
    Qu'elle revienne promptement,
    Je me ressens de la misère
    Où les Pontes sont destinés,
    Monsieur Mata me désespere,
Madame, au nom de Dieu. Madame, revenez.

JUGEMENT
SUR LES TROIS
RELATIONS DE SIAM,
ET SUR LE LIVRE
DE CONFUCIUS;
A MONSIEUR
LE FEVRE (1).

J'AI lû avec soin les trois Relations de SIAM, que vous m'avez envoyées, & voici le Jugement que je fais de leurs Auteurs.

---

(1) M. le Févre a sû joindre aux lumiéres d'un habile & judicieux Medecin, toutes les qualités d'un galant homme.

Monsieur le Chevalier de CHAUMONT (1) nous apprend peu de chose des Nations qu'il a vûes. Occupé de son caractére, il n'a pû contenter sa curiosité dans le voyage, ni satisfaire la nôtre à son retour : mais quiconque aspire à l'honneur de l'Ambassade, ne sauroit apprendre de personne mieux que de lui, la hauteur & l'exactitude qu'on doit avoir aux moindres cérémonies.

Le Pere TACHARD (2) a les talens de Missionnaire pour toutes sortes de Religions; capables de planter la Foi des Orientaux dans l'Europe, comme celle des Européens dans l'Orient; aussi propres à faire des Talapoins à Paris, que des Jésuites à Siam.

M. l'Abbé de CHOISI (3) m'ennuye fort avec son Journal de Vents & de Routes; mais les Lettres où il parle de lui me réjouissent. Je suis ravi de le voir se faire Prêtre, pour avoir l'occupation de dire la Messe dans l'inutilité où il se trouve sur le vaisseau. Il écrit naturellement; & à lui rendre justice, il n'y a point de voyageur moins entêté qu'il est du faux merveilleux. Il n'est pas fâché de paroître sur un grand Elé-

---

(1) RELATION de l'Ambassade de M. de Chaumont à la Cour du Roi de Siam, imprimée en 1686.

(2) VOYAGE de Siam, des Peres Jesuites, envoyés par le Roi aux Indes & à la Chine, &c. publié en 1686.

(3) JOURNAL du Voyage de Siam, imprimé en 1686.

phant ; de fe trouver devant le Roi avec Monfieur l'Ambaffadeur, & Monfieur l'Evêque; d'entretenir en particulier Monfieur Conftance : mais il n'en juge pas la fimphonie de ce pays-là moins déteftable ; la Comédie Chinoife & l'Opera Siamois, ne l'en accommodent pas mieux; il n'en trouve pas la Peinture meilleure que la Mufique. Pour les rafraîchiffemens & pour les régals, poules, canards, cochons, ris éternel : chofe trifte au goût de Monfieur l'Abbé, malgré l'efprit de mortification que lui donne fa condition nouvelle.

Le Tonquin & la Cochinchine font peu de chofe ; ces Royaumes-là ont befoin d'être embellis par des imaginations amoureufes de merveilles étrangeres. J'ai paffé de ces Relations au Livre de CONFUCIUS (1) le plus ennuyeux Moral que j'aye jamais lû. Ses Sentences font au-deffous des Quatrains de Pibrac, où il eft intelligible : au-deffus de l'Apocalypfe, où il eft obfcur.

---

(1) CONFUCIUS, Sinarum Philofophus, five Scientia Sinica latinè expofita, &c. publié par le Pere Couplet en 1687.

LETTRE

A MONSIEUR

JUSTEL.

QUOIQUE vous ayez résolu de n'acheter jamais de Livres, je vous conseille de faire la dépense de celui d'Orobio Juif célébre, & de Monsieur Limborch, Chrétien savant (1). On n'a rien vû de plus fort, de plus spirituel, de plus profond sur cette matiere. Monsieur Gaulmin (2) auroit dit sur Limborch,

*Si pergama dextrâ
Defendi possent, etiam hac defensa fuissent.*

Et je dirai sur Orobio,

*Si pergama dextrâ
Everti possent, etiam hac eversa fuissent.*

Vous aurez bientôt la Relation du Pere

---

(1) Ce Livre est intitulé : DE VERITATE Christianæ religionis amica Collatio cum erudito Judæ. Voyez la BIBLIOTHEQUE UNIVERSELLE, Tome VII, page 289.

(2) Maître des Requêtes. Voyez mes *Remarques* sur le *Circumfranda*.

Magaillans, attendue impatiemment par les amateurs des merveilles étrangeres. Ces Messieurs trouveront à se consoler des vérités simples & sensées du Pere Couplet (1), dans les exagérations du Portugais, plus entêté du merveilleux, qu'attaché sévérement au véritable. Ils verront dans ce Livre curieux les douze Excellences de la Chine, à l'exemple des douze Excellences de Portugal, que l'Auteur a bien voulu donner aux Chinois (2).

Quel Pays que cette Chine, à ce que j'ai appris du sincere & judicieux Pere Couplet (3) ! Point de blé à Pékin, point de vin dans tout l'Empire, point d'huile d'olive, point de beurre, point d'huîtres ! On y trouve de la Peinture sans ombre, de la Musique sans parties, des Palais de bois sans architecture; beaucoup de Sciences perdues, à ce qu'on dit; une ignorance presque de toutes choses, à ce qu'on voit; un Alphabet de soixante mille lettres; une Langue toute de monosyllabes. Il n'y au-

---

(1) Le Pere Couplet publia en 1688. l'HISTOIRE d'une Dame Chrêtienne de la Chine, où par occasion les usages de ces Peuples, l'établissement de la Religion, &c. sont expliqués.

(2) Le Pere Magaillans, Jesuite Portugais, mort à la Chine en 1677. laissa un Manuscrit, intitulé, LES douze Excellences de la Chine, qui a été traduit du Portugais en François, & publié à Paris en 1686. sous le titre de NOUVELLE Relation de la Chine, contenant la description des particularités les plus considérables de ce grand Empire.

(3) M. de Saint-Evremond avoit vû le Pere Couplet en Angleterre.

roit point de Géométrie, point d'Astronomie, si le zéle des conversions n'y faisoit aller des Jésuites, qui doivent la tolérance de notre religion, après la grace de Dieu, aux Calendriers & aux Almanachs. Vous voyez qu'il manque bien des choses à ce Pays si renommé : mais en récompense la Morale y est bonne, la Politique excellente, le Peuple innombrable, les Sujets obéïssans, & le plus grand des Empereurs, modéré.

A MONSIEUR LE COMTE

DE

GRAMMONT (1).

A Ce fameux événement
Pour témoigner l'excès de son contentement,
  La Cour de France nous envoye
  Celui-même qui fait sa joye :
  Lui qui chasse pleurs & soupirs
  Dans un vrai sujet de tristesse,
  Et qui dans les temps d'allégresse
  Augmente encore les plaisirs.

---

(1) M. le Duc d'Orléans l'avoit envoyé en Angleterre en 1688. pour complimenter le Roi sur la Naissance du Prince de Galles.

Il est vrai que son enjoûment
Auprès de l'Archiduc n'eut pas beaucoup à faire :
Le bon Prince rioit fort difficilement :
 Une gravité trop sévere,
 Estimoit médiocrement
Le mérite agréable, & le talent de plaire.
Comte, vous n'aurez point d'Archiduc en ces
 lieux,
 Le goût délicat de la Reine
 Vous est un gage précieux,
Que tous vos agrémens seront connus sans peine.
 Ajoûtons aux talens de Cour,
 D'avoir couru toute la terre ;
 Donné trente étés à la guerre
 Et quarante hivers à l'amour.
Faut-il un Gouverneur? on a l'expérience ;
Faut-il un Envoyé ? l'on a la suffisance ;
Et sans nous amuser en discours superflus,
Le Ministre succéde au Héros qui n'est plus.
Celui qui se plaisoit au tumulte des armes :
Qu'on voyoit intrépide au milieu des allarmes :
 Comme tout change avec le temps,
 Laisse aller le Roi dans ses camps ;
Et l'attend au retour pour lui parler d'affaire,
 Quand il est nécessaire.
Je ne reconnois plus la martiale ardeur
 De son héroïque génie ;
 Nonce, Ministre, Ambassadeur
 Sont aujourd'hui sa compagnie.

LETTRE
A MADAME LA DUCHESSE
MAZARIN.

JE vous supplie de m'excuser, Madame, si je ne me trouve point au repas où vous me faites l'honneur de me convier; un infirme ne doit pas être souffert dans la compagnie des gens qui se portent bien. Je m'en abstiendrai donc par la justice que je me fais, & que vous avez la bonté de ne me pas faire. Mon infirmité est assez connue ; la santé de vos autres conviés ne l'est pas moins : je commencerai par l'heureuse constitution de Monsieur l'Ambassadeur (1).

Monsieur l'Ambassadeur a la santé d'athlete,
    Habitude pleine & parfaite,
Selon notre Hippocrate à craindre quelquefois ;
Cependant il pourra se passer d'Esculape,
Un austère discours des herbes de la Trape,
Servira de diete une ou deux fois le mois (2).

(1) Monsieur de Barillon.
(2) Voyez vers la fin du VI. Tome, le BILLET à M, *Silvestre, qui commence à Deux de tes amis, &c.*

Malgré cette rude bataille
Que nature essuye en la Taille,
Canaple (1) a conservé son visage fleuri :
Sa vigueur n'est pas redoutable,
Mais il est assez agréable,
Pour allarmer encore un timide mari.
    Comte (2), galant, époux, & pere même ;
Qui possédez dans un degré suprême
Plus de talens & de perfections
Qu'il n'en faudroit pour vingt conditions ;
Aimable Comte à qui les destinées
Laissent l'humeur des plus jeunes années,
Que tenez-vous de l'arriere-saison
Qu'un peu plus d'ordre, un peu plus de raison ?
Vous retenez de votre premier âge
Un tendre cœur qu'aisément on engage ;
Vous retenez une ardeur pour le jeu,
A quoi l'Amour oppose en vain son feu ;
Puisque Morin a les soins & les veilles,
Que refusez à Dames sans pareilles :
C'est assez fait pour le jeu, pour l'amour ;
Et l'esprit mûr mérite bien son tour.
De temps en temps certain air de sagesse
Qu'un politique auroit en sa vieillesse,
Un entretien sérieux ou sensé ;
Montre le fruit de votre âge avancé ,
Si mon Héros demandoit davantage

(1) Le Marquis de Canaple.
(2) Le Comte de Grammont.

DE SAINT-EVREMOND. 255

Que d'être Amant, d'être Joueur & Sage.

Ajoûtons-y *l'Original*.
Qui n'aura jamais son égal :
Ajoûtons-y la noble *Vie*
Tant admirée & peu suivie (1)
Afin qu'on trouve ramassés
Eloges présens & passés.

Vous l'entendez sans qu'on la nomme,
Celle que je veux dire en disant la *Beauté* ;
Jamais expression n'eut moins d'obscurité ;
C'est l'honneur de la France & la gloire de Rome.
    La Beauté qu'avec tant de soin
    Jadis la nature a formée,
    Eut pour résister au besoin
    Lorsqu'elle seroit allarmée,
Une raison exquise & par tout estimée :
Tout Philosophe en seroit le témoin ;
    Du plus savant & du plus sage,
    Cette raison confondroit le discours,
    Mais elle trahit son usage
    En faisant naître nos amours.
Au parti des appas l'infidéle s'engage,
    Plaît comme eux & charme toujours.

Pour l'illustre Mademoiselle (2)

---

(1) Voyez Tome III. page 94. & le Tome IV. page 267.

(2) Mademoiselle de Kerverwert.

Vertueuſe & ſpirituelle,
(Concert que l'on voit rarement)
Elle fait mon étonnement.
Son jeu n'eſt pas une foibleſſe ;
Par le moyen du Paroli,
Elle ſauve le cœur d'une folle tendreſſe
Dont il pourroit être rempli ;
Et l'ame, de l'ennui d'une longue ſageſſe.
Le pauvre corps enſéveli
Dans ſa vertueuſe pareſſe,
Deſcendroit promptement au noir fleuve d'Oubli,
Si l'eſprit quelquefois n'égayoit la ſageſſe,
Par la Paix & le Paroli.

Jadis la Grecque & la Romaine
S'amuſoient à filer la laine :
On ne file plus aujourd'hui.
C'eſt amour, jeu, repas, ou bien mortel ennui.

J'ai commencé ma Lettre par des excuſes de ne me trouver point à votre repas : Je la finis, Madame, par de très-humbles remercimens de l'honneur que vous m'avez fait de m'y convier.

LE POUVOIR
DES CHARMES
DE
MADAME LA DUCHESSE
MAZARIN.

Demandez-vous à quel usage
Hortence aime à porter des Fleurs,
C'est pour effacer leurs couleurs
Par celles de son beau visage.
Le teint de nos jeunes Philis
N'ose exposer roses ni lis :
Les plus beaux yeux baissés de honte
Trouvent un feu qui les surmonte :
L'étude des ajustemens,
La richesse des ornemens,
L'artifice de la parure,
Tout se perd, ou se défigure
Auprès de ses charmes puissans,
Dont le vrai naturel est maître de nos sens.
Ah ! qu'il nous coûte cher de la trouver si belle !
Nous perdons le plaisir de la diversité,

Il n'est plus pour nos cœurs d'impression nou-
velle ;
Par trop d'attachement à la même beauté,
 On ne sauroit plus aimer qu'elle ;
 De ce charme une fois goûté
 L'habitude continuelle
 Devient une nécessité.
Quand la dévotion a son ame tentée
Par la triste douceur de ses dolens appas,
Et que l'esprit du ciel enfin l'a dégoûtée
Des plaisirs naturels que l'on trouve ici-bas ;
 On la suivroit au Monastere,
 Avec elle on prendroit la haire ;
 Et ce qui doit être compté
 Pour le grand coup d'autorité,
 Miremont auroit de la joye
 De renoncer à la Savoye (1)
 A sa Suite, à toute sa Cour,
 Pour lui témoigner son amour.
Par mille endroits cette beauté nous frape ;
Qui n'oseroit en Amant s'attendrir (2)
Parle en dévot des Herbes de la Trape,
Dont avec elle il voudroit se nourrir.
 Quelqu'un sans murmure & sans plainte,
 Souffre sa douloureuse atteinte ;
 L'autre impétueux en discours

---

(1) Eglise que Charles II. donna en 1661. aux Protestans François, à Londres, dans le vieux Palais de la Savoye.

(2) Monsieur de Barillon.

La maudit & l'aime toujours.
Tel à qui ses beaux yeux feront toujours la guerre,
Se cache autant qu'il peut sa secrete langueur,
  Et se prend à l'air d'Angleterre
  Des maux dont la source est au cœur (1).
 Son propre sexe y rencontre sa peine ;
  Une orgueilleuse liberté
  Qui se moquoit de toute chaine
  A soumis enfin sa fierté.
  Qu'avez-vous fait, Medemoiselle (2).
  De ce cœur jadis si rebelle ?
  A la honte de la raison
  Qui vous avoit si bien servie,
  Vous éprouvez la tyrannie
Du charme impérieux qui nous tient en prison.
Vainement à ses yeux j'oppose ma sagesse,
Espérant que mon cœur en sera défendu :
  » Hélas ! me dit-elle sans cesse,
  » N'ai-je pas assez combattu ?
» Puisque celui de LOT aujourd'hui s'est rendu
» C'est en vain que pour vous la raison s'intéresse.

 (1) Le Marquis de Saissac.
 (2) Mademoiselle de Beverweert.

LETTRE
A MONSIEUR
DE LA BASTIDE (1).

Nequicquam Deus abscidit
Prudens Oceano dissociabili
Terras, si tamen impiæ
Non tangenda rates transiliunt vada (2).

IL n'est pas possible, Monsieur, de mieux expliquer la question que vous l'avez expliquée ; mais il paroît que vous la décidez plûtôt par rapport au génie d'Horace, que par les vraies notions qu'on peut avoir de la chose dont il s'agit. Croyez-vous que si Malherbe avoit souhaité à quelqu'un de ses amis un heureux passage de Caën à Londres, il eût eu d'autre objet que la Mer qui sépare la France de l'Angleterre ? Il auroit pû s'étendre poetiquement sur les tempêtes, les goufres, les bancs, sur toutes sortes d'écueils, mais toujours

---

(1) M. de la Bastide est connu par sa REPONSE à M. l'Evêque de Meaux, par sa révision des PSEAUMES de Marot & de Beze, & par quelqu'autres Ouvrages. Il sortit de France en 1687. & mourut à Londres le 15. de Mars 1704.

(2) Horat. ODAR. *Lib. I. Ode III.*

par rapport au trajet que son ami auroit eu à faire.

Le génie moderne qu'une nature moins élevée a laissé dans la dépendance de l'ordre & de la raison ; ce génie n'auroit pas la hardiesse de s'élever tout d'un coup à la création du Monde, & à la séparation de la Terre d'avec les Eaux. En effet il n'est pas besoin d'aller aux Indes pour se noyer, & soixante lieues de Mer auroient suffi pour animer Malherbe contre l'Inventeur de la Navigation.

Je vous parle en homme qui n'a que des vûes basses & communes. Pour vous, Monsieur, qui connoissez Horace parfaitement (1), vous pouvez croire que ses enthousiasmes le mettoient en droit de quitter si brusquement la *moitié de son ame* (2), & de passer de la tendresse de son amour au merveilleux d'une seconde GENESE. A parler sérieusement, si quelque chose me fait souffrir votre opinion, c'est que celui qui retourne à la *guerre des Géans* n'a guére plus de chemin à faire pour aller à la *Création de l'Univers*.

Toutes choses considérées, je me trompe, ou les deux sentimens sont soutenables : celui de Monsieur Barillon plus na-

---

(1) M. de la Bastide avoit traduit en François quelques ODES d'Horace, & entre autres celle dont on parle ici.

(2) C'est ainsi qu'Horace appelle Virgile.

turel, vient d'un bon sens qui juge des choses par elles-mêmes ; & le vôtre est peut-être assez conforme au goût d'Horace, qui se détourne de son sujet fort aisément. La beauté de son génie lui donne un privilége pour des hardiesses heureuses, pour de nobles extravagances, que notre imagination gênée par un scrupule de justesse, ne se permet pas. Mais quelque sens qu'on veuille donner aux paroles d'Horace, son ODE est également belle & extraordinaire. Je pense qu'on n'a jamais vû à aucun Poëte un cœur si tendre, & un esprit si libre dans le même temps.

A MADAME LA DUCHESSE MAZARIN.

C'EST un service bien douteux
 Que celui de Votre Excellence !
Daniel & La Forêt chassés comme peteux
 Nous en font voir l'expérience,
 Et montrent en vain l'air piteux
 De leur malheureuse innocence.
 Par sa grande fidélité,
 La Douairiere est bien peu regardée ;
 Peut-être moins recommandée

Par sa catholique bonté :
Par où donc est-elle gardée ?
D'où peut venir sa sûreté ?
C'est pour souffrir d'être grondée
Avec toute docilité.
Isabelle au teint noir, du Soleil si chérie
Qu'elle confondroit la beauté
De la blonde la plus fleurie
Par sa brune vivacité ;
Pour avoir manqué de souplesse,
N'avoir pas soumis son esprit
Aux volontés de sa Maîtresse,
Va reporter son cœur aux Amans de Madrid ;
De l'humide froideur du climat qu'elle laisse
Peu satisfaite, à ce qu'on dit.
Tirons de ce discours un avis salutaire :
En nos états divers puisqu'il faut la servir,
Valets, Amis, Amans, apprenons que bien faire
Auprès d'elle vaut moins que savoir bien souffrir.

SUR UN PORTRAIT DE SAINT ANTOINE, FAIT PAR GERARD.

SONNET.

IL est bien beau, ce Moine frais tondu :
Point sec de jeûne, aussi peu morfondu :
Tel qu'un dévot & très-amoureux Moine
Etre convient : tel est le bon Antoine.
Tout mâle appas, tout attrait féminin,
Céde aux beaux yeux de notre Mazarine :
Apres cela, je n'en fais pas le fin,
J'aime sur tout ce chanteur de Matine.
Voyez son teint, voyez comme ses yeux
Parlent d'amour aussi-bien que des Cieux !
Le voulez-vous à la Chambre, à l'Eglise ;
Vous en serez en tous lieux enchanté :
Fut-il jamais, ôtez la non-comprise,
Fut-il jamais de si grande beauté !

ELOGE
DE MONSIEUR
DE TURENNE.

JE ferois tort à la naissance de Monsieur de Turenne, si je songeois à instruire le Public d'une Maison aussi illustre & aussi considérable dans toute l'Europe que la sienne. Je ne m'amuserai point à dépeindre tous les traits de son visage ; les caractéres des Grands-Hommes n'ont rien de commun avec les portraits des belles Femmes : mais je puis dire en gros qu'il avoit quelque chose d'auguste & d'agréable ; quelque chose en sa physionomie qui faisoit concevoir je ne sai quoi de grand en son ame & en son esprit. On pouvoit juger, à le voir, que par une disposition particuliere, la nature l'avoit préparé à faire tout ce qu'il a fait.

Né d'un pere aussi autorisé dans le Parti Protestant, que Monsieur de Bouillon l'étoit, il en prit les sentimens de Religion, sans zéle indiscret pour la sienne, sans aversion pour celle des autres; précautionné contre une séduction secrete, qui fait voir de la charité pour le prochain, où il n'y a qu'un excès de complaisance pour son opinion. Comme il n'y a rien de bas dans les emplois de la Guerre, il passa par les plus petits, par les médiocres; toujours jugé digne de plus grands que ceux qu'il avoit. Toujours distingué par sa naissance, la seule distinction de ses services l'a fait monter par degrés au Commandement des Armées; & l'on peut dire sans exagérer, que pour arriver aux postes qu'il a eus, jamais homme n'a tant dû à son mérite, & si peu à la fortune.

Je ne m'étendrai point à parler de ses actions, me bornant à quelques particularités peu connues qui contribueront à former son caractére. Tant qu'il a servi avec Monsieur le Prince en Allemagne, Monsieur le Prince lui a donné la principale gloire de tout ce qu'on y faisoit; & l'estime qu'il avoit pour lui, alla si loin, que s'entretenant avec quelqu'un, de tous les Généraux de son temps: *Si j'avois à me changer*, dit-il, *je voudrois être changé en Monsieur de TURENNE, & c'est le seul homme qui me puisse faire souhaiter ce changement-là.* On ne sauroit croire l'application qu'avoit Monsieur le Prince à l'observer, cherchant à profiter non-seulement de ses actions, mais de ses discours.

Il me souvient qu'il lui demandoit un

jour, *quelle conduite il voudroit tenir dans la guerre de Flandre.* » Faire peu de Sié-
» ges, *répondit Monsieur de Turenne,* &
» donner beaucoup de combats. Quand
» vous aurez rendu votre Armée supérieu-
» re à celle des ennemis, par le nombre
» & par la bonté des Troupes ; (ce que
» vous avez presque fait par la Bataille de
» Rocroi ;) quand vous serez bien maître
» de la campagne, les Villages vous vau-
» dront des Places : mais on met son hon-
» neur à prendre une Ville forte, bien
» plus qu'aux moyens de conquérir aisé-
» ment une Province. Si le Roi d'Espagne
» avoit mis en Troupes ce qu'il lui a coû-
» té d'hommes & d'argent à faire des Sié-
» ges & à fortifier des Places, il seroit au-
» jourd'hui le plus considérable de tous les
» Rois.

La premiere maxime de Monsieur de Turenne, pour la Guerre, est celle qu'on attribue à César ; *qu'il ne falloit pas croire avoir rien fait, tant qu'il restoit quelque chose à faire.* A peine Philisbourg avoit capitulé, qu'il se détacha avec ses troupes pour tomber sur le petit corps que Savelli & Coloredo commandoient : il y tomba, il le défit, il marcha à Spire, à Worms, à Mayence, qui se rendirent ; & tout cela fut exécuté en six ou sept jours. Il considéroit plus les actions par leurs suites, que par elles-mêmes : il estimoit plus un Général qui conservoit un Pays après avoir perdu une bataille, que celui qui l'avoit gagnée, & n'avoit pas sû en profiter.

Venons à nos guerres civiles. C'est là qu'on a mieux connu Monsieur de Turenne, pour avoir été plus exposé aux observations des courtisans. On sait qu'il a sauvé la Cour à Gergeau, & qu'il l'a empêchée de tomber entre les mains de Monsieur le Prince à Gien. Il a conservé l'Etat, quand on le croyoit perdu ; il en a augmenté la gloire & la grandeur, lors qu'à peine on osoit en espérer la conservation.

Mais un des plus considérables services que Monsieur de Turenne ait rendu, a été sans doute celui qu'il rendit à Gien (1). La Cour y croyoit être dans la derniere sûreté, quand Monsieur le Prince qui avoit traversé une partie du Royaume, lui septiéme, pour venir joindre Monsieur de Beaufort, & Monsieur de Nemours ; quand Monsieur le Prince ne les eut pas si-tôt joints, qu'il marcha à Monsieur d'Hocquincourt, & tombant au milieu de ses Quartiers, les enleva tous l'un après l'autre. Vous ne sauriez croire la consternation que cette malheureuse nouvelle mit à la Cour. On n'osoit demeurer dans la Ville : on n'osoit s'en éloigner ; ne voyant aucun lieu où l'on pût

(1) En 1652, Voyez le Tome III. page 61.

être un peu sûrement. Toute la reſſource étoit en Monſieur de Turenne, qui ſe trouvoit dans un auſſi grand embarras. *Jamais*, a-t-il dit depuis, *il ne s'eſt préſenté tant de choſes affreuſes à l'imagination d'un homme, qu'il s'en préſenta à la mienne. Il n'y avoit pas long-temps que j'étois raccommodé avec la Cour, & qu'on m'avoit donné le Commandement de l'Armée, qui en devoit faire la ſûreté. Pour peu qu'on ait de conſidération &. de mérite, on a des ennemis & des envieux : j'en avois qui diſoient par tout que j'avois conſervé une liaiſon ſecrete avec Monſieur le Prince. Monſieur le Cardinal ne le croyoit pas ; mais au premier malheur qui me fût arrivé, peut-être auroit-il eu le même ſoupçon qu'avoient les autres. De plus, je connoiſſois Monſieur d'Hocquincourt, qui ne manqueroit pas de dire que je l'avois expoſé, & ne l'avois point ſecouru. Toutes ces penſées étoient affligeantes, & le plus grand mal, c'eſt que Monſieur le Prince venoit à moi le plus fort, & victorieux.*

Dans ce méchant état, que Monſieur de Turenne a dépeint lui-même, il raſſembla ſes Quartiers le mieux qu'il put, & marcha, plus par conjecture que par connoiſſance, du côté que Monſieur le Prince pouvoit venir. La nuit étoit extrêmement noire ; & il n'avoit pour guides que des fuyards, plus capables d'effrayer ſes troupes, que de la

Z iij

conduire. Heureusement il se trouva le matin à la tête d'un défilé, qu'il falloit passer nécessairement à Monsieur le Prince, s'il vouloit aller à Gien. Monsieur de Navailles proposa de jetter l'Infanterie dans un bois qui bordoit le défilé : Monsieur de Turenne rejetta la proposition, sachant bien que les ennemis qui étoient les plus forts l'en auroient chassée, & que dans le désordre où ils l'auroient mise, il lui eût fallu se retirer à Gien avec la seule Cavalerie. Le parti qu'il prit fut de mettre toutes ses Troupes sur une Ligne, & de s'éloigner cinq ou six cens pas du défilé. Monsieur le Prince croyant qu'il se retiroit véritablement, fit passer quatorze escadrons, qui alloient être suivis de l'Armée entiere : alors Monsieur de Turenne tournant avec toutes ses forces, chargea, rompit, fit repasser le défilé à ces escadrons dans un désordre incroyable. Monsieur le Prince le voyant en cette posture, crut le passage du défilé impraticable, comme en effet il l'étoit ; & on ne fit autre chose le reste de la journée que se canonner. Monsieur de Turenne fortifié du débris de l'Armée de Monsieur d'Hocquincourt, & de quelques gens frais, se retira le soir à Gien, où il reçut les applaudissemens sincéres que donne une Cour, qui n'est pas encore bien rassurée du péril qu'elle a couru.

Un détail de ses services rendroit le caractére languissant, un seul tiendra lieu de tous les autres. Il trouva la Cour si abandonnée, qu'aucune Ville ne la vouloit recevoir : les Parlemens s'étoient déclarés contre elle, & les peuples prévenus d'une fausse opinion du bien public, s'attachoient aveuglément à leurs déclarations. Monsieur le Duc d'Orléans étoit à la tête des Parlemens : Monsieur le Prince à celle des troupes : Fuensaldagne s'étoit avancé jusqu'à Chauny avec vingt mille hommes ; & Monsieur de Lorraine n'en étoit pas bien éloigné. Tel étoit l'état de cette Cour malheureuse, quand Monsieur de Turenne, après quelques siéges & quelques combats, dont je laisse le récit aux Historiens ; quand Monsieur de Turenne la ramena malgré elle à Paris (1), où le Roi ne fut pas si-tôt, que son rétablissement dans la Capitale fit reconnoître son autorité par tout le Royaume. La sûreté du Roi bien établie au dedans, Monsieur de Turenne fit sentir sa puissance au dehors, & réduisit l'Espagne à demander une paix qui fut son salut, ne pouvant continuer une guerre qui eût été sa ruine.

Revenons des faits de Monsieur de Turenne à une observation plus particuliere de sa conduite, de ses qualités, de son gé-

(1) Voyez le Tome II. page 177. dans les Notes.

nie. Aux bons succès, il pouffoit les avantages auffi loin qu'ils pouvoient être pouffés: aux mauvais, il trouvoit toutes les reffources qu'on pouvoit trouver. Il préferoit toujours la folidité à l'éclat; moins fenfible à la gloire que fes actions lui pouvoient donner, qu'à l'utilité que l'État en recevoit. Le bien des affaires alloit devant toutes chofes : on lui a vû effuyer les mauvais offices de fes envieux, les injures de fes ennemis, les dégoûts de ceux qu'il fervoit, pour rendre un véritable fervice. Modefte en ce qu'il faifoit de plus glorieux; il rendoit les Miniftres vains & fiers avec lui, par les avantages qu'ils tiroient de ce qu'il avoit fait. Sévere à lui-même, il comptoit tous fes malheurs pour des fautes : indulgent à ceux qui avoient failli, il faifoit paffer leurs fautes pour des malheurs.

Il femble qu'il donnoit trop peu à la fortune pour les évenemens ; & le voulant convaincre par fon propre exemple, du pouvoir qu'elle a dans les occafions, on lui dit qu'*il n'avoit peut-être jamais mieux fait qu'à Mariandal & à Rhetel ; cependant qu'il avoit perdu ces deux combats pour avoir été malheureux.* » Je fuis content de moi,
» répondit-il, dans l'action; mais fi je vou-
» lois me faire juftice un peu féverement,
» je dirois que l'affaire de Mariandal eft ar-
» rivée, pour m'être laiffé aller mal-à-pro-

» pos à l'importunité des Allemands qui
» demandoient des Quartiers ; & que celle
» de Rhetel est venue de m'être trop fié à la
» lettre du Gouverneur qui promettoit de
» tenir quatre jours, le jour même qu'il se
» rendit «; à quoi il ajoûta ; *quand un homme se vante de n'avoir point fait de fautes à la Guerre, il me persuade qu'il ne l'a pas faite long-temps.* Il lui ressouvint toujours de l'importunité de Rosen à demander des Quartiers, & de la facilité trop grande qu'il avoit eue à les accorder. Cette réflexion lui fit changer de conduite à l'égard des Officiers ; il continua les bons traitemens qu'il avoit accoûtumé de leur faire ; mais il ne voulut plus se trouver en état d'en être géné pour le service.

Le premier embarras dont il se défit, fut celui des disputes de l'Infanterie : cette vieille habitude, fondée sur une apparence d'honneur, étoit comme un droit que tous les corps vouloient maintenir: l'opposition fut grande, mais le Général en vint à bout; & Puysegur, le plus intelligent & le plus difficultueux des Officiers, Puysegur, ennemi de tous les Généraux qu'il ne gouvernoit pas, fut obligé de vendre son Régiment & de se retirer, avec sa capacité incommode, à sa maison. Le tour ordinaire des Officiers dans les détachemens, leur rang aux ordres de bataille, ne furent plus obfervés. C'eſt ce qu'on vit à la bataille de Dunkerque, où Monſieur de Turenne choiſit le Marquis de Crequi, pour commander l'aîle oppoſée à Monſieur le Prince, ſans aucun égard à l'ancienneté des Lieutenans Généraux.

Après avoir changé ces vieilles coûtumes, il changea, pour ainſi dire, le génie des Nations. Il fit prendre aux Etrangers une activité qui ne leur étoit pas naturelle; il fit perdre aux François la légereté & l'impatience que leur Nation avoit toujours eue; il fit ſouffrir la fatigue ſans murmurer; il fit oublier la Cour aux courtiſans qui avoient de l'emploi, comme s'il n'y avoit plus eu d'autre métier que la guerre. Voilà quelle fut la conduite de Monſieur de Turenne pour les Officiers: voyons ſon procédé à l'égard de Monſieur le Cardinal.

Dans le temps que Monſieur le Cardinal étoit le plus malheureux; que ſes amis cherchoient des prétextes pour l'abandonner, & ſes ennemis des occaſions pour le perdre, Monſieur de Turenne eut pour lui les mêmes déférences, les mêmes reſpects qu'on avoit eus dans ſa plus haute fortune. Quand ſon Eminence eut rétabli ſon pouvoir, qu'elle regnoit, plûtôt qu'elle ne gouvernoit; il garda plus de dignité avec elle, qu'il n'en avoit gardé dans ſes malheurs. Ce fut le premier qui osa faire sa cour au Roi ; toutes les personnes considerables ayant leur application entiere à Monsieur le Cardinal. Il ne sollicita point de graces, & les avantages qu'il obtint, parurent des effets du service rendu à l'Etat sans attachement au Ministere.

Jamais les vertus des particuliers n'ont été si bien unies avec les qualités des Héros, qu'en la personne de Monsieur de Turenne : il étoit facile dans le commerce, délicat dans la conversation, fidéle dans l'amitié. On l'a accusé de ne s'employer pas assez fortement pour ses amis à la Cour; mais il ne s'y employoit pas davantage pour lui-même : une gloire secrete l'empêchant de demander ce qu'il n'étoit pas sûr d'obtenir ; il faisoit tout le plaisir qu'il pouvoit faire par lui-même. Les amis, d'ordinaire, pensent qu'on a plus de crédit qu'on n'en a, & qu'on leur doit plus qu'on ne leur doit.

Monsieur de Turenne n'étoit pas incapable d'avoir de l'amour ; sa vertu n'étoit point de ces vertus séches & dures, qu'aucun sentiment de tendresse n'adoucit : il aimoit plus qu'il ne croyoit, se cachant autant qu'il lui étoit possible, une passion qu'il laissoit connoître aux autres.

Si les singularités sont des espéces de défauts dans la société, Monsieur de Turenne en avoit deux qu'on reproche à bien peu de gens; un défintéreffement trop grand, lorsqu'on voyoit regner un efprit d'intérêt univerfel; & une probité trop pure dans une corruption générale.

· Son changement de Religion fut fenfible à tous les Proteftans; ceux qui l'ont connu ne l'ont attribué ni à l'ambition, ni à l'intérêt. Dans tous les temps il avoit aimé à parler de Religion, particuliérement avec Monfieur d'Aubigny, difant toujours que *les Réformés avoient la Doctrine plus faine, mais qu'ils ne devoient pas fe féparer, pour la faire prendre infenfiblement aux Catholiques.* » Quand on avoue qu'on a eu tort » de fortir d'une Eglife, *reprit M. d'Au-* » *bigny,* on eft bien prêt d'y rentrer; & fi » je furvis à Madame de Turenne, je vous » verrai dans la nôtre «. Monfieur de Turenne foûrit; & ce foûris n'expliquoit pas affez, fi c'étoit pour fe moquer de la prédiction de Monfieur d'Aubigny, ou pour l'approuver. Dans l'une & dans l'autre Religion, il alloit toujours au bien: Huguenot, il n'avoit rien d'oppofé à l'intérêt des Catholiques; converti, il n'avoit point de zéle préjudiciable à la fûreté des Huguenots. Dans la déférence qu'avoit le Roi pour fon grand fens, il eft à croire qu'il l'auroit fuivi; & que les Miniftres Huguenots n'auroient pas à fe plaindre de leur ruine, ni le Clergé Catholique à fe repentir de fon zéle.

Ceux qui l'ont suivi dans ses dernieres Campagnes, disent qu'il avoit une valeur plus vive qu'aux précédentes ; qu'il étoit plus hasardeux à entreprendre & à se commettre qu'auparavant. Un coup de canon finit une vie si glorieuse (1) ; mort désirable (puisqu'il faut mourir) à un si grand homme. Sa perte fut pleurée de tous les François, regrettée de tous les indifférens ; sa personne louée des ennemis, sa vertu admirée de tout le monde. Le Roi qu'il avoit si bien servi, voulut qu'il fût enterré à Saint-Denis avec les Rois ses prédécesseurs, se croyant aussi obligé à celui qui lui avoit conservé son Royaume, qu'à ceux qui le lui avoient laissé.

(1) Le 27. de Juillet 1675.

PARALLELE
DE MONSIEUR
LE PRINCE,
ET DE MONSIEUR
DE TURENNE;

Sur ce qui regarde la Guerre (1).

Vous trouverez en Monsieur le Prince la force du génie, la grandeur de courage, une lumiere vive, nette, toujours présente. Monsieur de Turenne a les avantages du sang froid, une grande capacité, une longue expérience, une valeur assûrée.

Celui-là, jamais incertain dans les conseils, irrésolu dans ses desseins, embarrassé dans ses ordres; prenant toujours son parti mieux qu'homme du monde : celui-ci, se faisant un plan de sa guerre, disposant toutes choses à sa fin, & les conduisant avec

---

(1) Monsieur de Saint-Evremond écrivit ce PARALLELE en 1673, mais il le retoucha dans la suite. Voyez la VIE *de M. de Saint-Evremond*, sur l'année 1688.

un esprit aussi éloigné de la lenteur que de la précipitation.

L'activité du premier se porte au-delà des choses nécessaires, pour ne rien oublier qui puisse être utile : l'autre, aussi agissant qu'il le doit être, n'oublie rien d'utile, ne fait rien de superflu; maître de la fatigue & du repos, il travaille à ruiner l'Armée des ennemis, il songe à la conservation de la sienne.

Monsieur le Prince fier dans le Commandement ; également craint & estimé : Monsieur de Turenne plus indulgent, & moins obéi par l'autorité qu'il se donne, que par la vénération qu'on a pour lui.

Monsieur le Prince plus agréable à qui sait lui plaire, plus fâcheux à qui lui déplaît ; plus sévere quand on manque, plus touché quand on a bien fait : Monsieur de Turenne plus concerté, excuse les fautes sous le nom de malheurs, & réduit souvent le plus grand mérite à la simple louange de faire bien son devoir. Satisfait du service qu'on lui rend, il ne l'est pas toujours de l'éclat qu'on se donne ; & faisant valoir avec plaisir les plus soumis, il regarde avec chagrin les industrieux qui cherchent leur réputation sous lui, & leur élévation par les Ministres.

Monsieur le Prince s'anime avec ardeur aux grandes choses, joüit de sa gloire sans vanité, reçoit la flatterie avec dégoût. S'il prend plaisir qu'on le loue, ce n'est pas la louange de ses actions ; c'est la délicatesse de la louange qui lui fait sentir quelque douceur. Monsieur de Turenne va naturellement aux grandes & aux petites choses, selon le rapport qu'elles ont à son dessein : rien ne l'éleve dans les bons succès, rien ne l'abat dans les mauvais.

Il n'est point assez de précautions contre les attaques du premier ; son audace & sa vigueur rendant foible ce qu'on s'imaginoit de plus fort : le second, se dégage de tout danger ; il trouve le moyen de se garantir dans toutes les apparences de sa perte.

Quelques Troupes que vous donniez à Monsieur le Prince, vieilles ou nouvelles, connues ou inconnues, il a toujours la même fierté dans le combat, vous diriez qu'il fait inspirer ses propres qualités à toute l'Armée ; sa valeur, son intelligence, son action semblent lui répondre de celle des autres. Avec beaucoup de Troupes dont Monsieur de Turenne se défie, il cherche ses sûretés : avec peu de bonnes qui ont gagné sa confiance, il entreprend, comme aisé, ce qui paroît impossible.

Quelque ardeur qu'ait Monsieur le Prince pour les combats, Monsieur de Turenne en donnera davantage pour s'en préparer mieux les occasions ; mais il ne prend
pas

pas si bien dans l'action ces temps imprévûs, qui font gagner pleinement une victoire; c'est par-là que ses avantages ne sont pas entiers. Quand l'affaire est contestée, le plan de sa guerre lui revient dans l'esprit, & il remet à une conduite plus sûre ce qu'il voit difficile & douteux dans le combat. Monsieur le Prince a les lumiéres plus présentes, & l'action plus vive; il remédie lui-même à tout, rétablit ses désordres, & pousse ses avantages. Il tire des Troupes tout ce qu'on en peut tirer; il s'abandonne au péril, & il semble qu'il soit résolu de vaincre, ou de ne pas survivre à sa défaite. Ce n'est pas assez pour lui de n'être pas vaincu, il fait sa honte de ne vaincre pas.

Chez Monsieur de Turenne tout céde au bien des affaires: il essuye le murmure des envieux, les mauvais offices de ses ennemis, le dégoût de ceux qu'il sert, pour rendre un véritable service. Monsieur le Prince a plus d'égards pour les Ordres de la Cour jusqu'aux occasions qui se présentent: là, il n'écoute que sa valeur, & ne se tient responsable de ses actions qu'à sa gloire.

Pour Monsieur le Prince victorieux, le plus grand éclat de la gloire; pour Monsieur le Prince malheureux, jamais de honte: ce peut être un préjudice aux affaires, & jamais à sa réputation. La réputation de Monsieur de Turenne est toujours attachée au bien des affaires. Ses actions n'ont rien de particulier qui les distingue, pour être égales & continues : toute sa conduite a moins d'éclat pour attirer l'applaudissement des peuples, que de solidité pour occuper les réflexions des habiles gens. Tout ce que dit, tout ce qu'écrit, tout ce que fait Monsieur de Turenne, a quelque chose de trop secret pour ceux qui ne sont pas assez pénétrans. On perd beaucoup de ne le comprendre pas assez nettement ; & il ne perd pas moins de n'être pas assez expliqué aux autres. La nature lui a donné le grand sens, la capacité, le fond du mérite autant qu'à homme du monde ; & lui a dénié ce feu du génie, cette ouverture, cette liberté d'esprit, qui en fait l'éclat & l'agrément. Il faudra le perdre pour connoître bien ce qu'il vaut, & il lui coûtera la vie pour se faire une juste & pleine réputation.

La vertu de Monsieur le Prince n'a pas moins de lumiere que de force ; elle est funeste aux ennemis, qui en ressentent les effets, & brillante pour ceux qui en tirent les avantages : mais à dire la vérité, elle a moins de suite & de liaison que celle de Monsieur de Turenne ; ce qui m'a fait dire il y a long-temps, que l'un est plus propre à finir glorieusement des actions, l'autre à terminer utilement une guerre. Dans le cours d'une affaire, on parle plus avantageusement de ce que fait Monsieur le Prince : l'affaire finie, on jouit plus long-temps de ce que Monsieur de Turenne a fait.

J'ajoûterai encore cette différence : Monsieur de Turenne est plus propre à servir un Roi qui lui confiera son Armée ; Monsieur le Prince à commander la sienne, & à se donner de la considération par lui-même.

LETTRE
A MADAME LA DUCHESSE
MAZARIN.

J'AI reçu la Lettre que vous m'avez fait l'honneur de m'écrire, où j'ai trouvé fort peu de douceur, pour me servir de termes plus doux que les vôtres. Je ne m'étonne point Madame, qu'un vieux visage tout défiguré m'attire du mépris, & vous inspire du chagrin quand il se présente : mais qu'une affection à votre service, aussi pure que la mienne, me fasse recevoir un traitement semblable quand vous ne me voyez pas ; c'est ce que je ne comprens point.

Je ne difputerai point de capacité avec Monfieur de Bonrepaux : qu'il ne difpute pas auffi de zéle & de foin avec moi, fur ce qui vous regarde. Vous me reprochez comme un crime ma diffipation ; j'ai vû deux ou trois fois Madame de la Perrine, encore étoit-ce ailleurs que chez elle : mais elle chante bien. Je vois Baillon ; il joue bien du clavefiin : je vois bien des Réfugiés qui favent beaucoup ; je joue avec Mylord Caffel aux Echets ; je le gagne. A mon âge on ne peut être nulle part fi défavantageufement que chez foi-même. Il faut nous faire des amufemens, qui nous dérobent, pour ainfi dire, à nos triftes imaginations.

Au refte, Madame, ma difcrétion eft toujours la même, avec un attachement inviolable au Gouvernement préfent des Pays où je vis. Je fuis fi peu de chofe, qu'il n'importe à perfonne de favoir mes fentimens. Vous m'obligez à parler de moi : je ne faurois parler de vous que je ne vous loue, & dans l'humeur où vous êtes contre moi, vous feriez peut-être offenfée de mes louanges. Le férieux dure trop, l'enjouement vous déplairoit.

Je dînai hier à Parfon-Green avec Monfieur Villiers. Sa maifon fe pourroit dire une maifon enchantée, n'étoit qu'on y boit & qu'on y mange fort bien. Mylord Montaigu a besoin d'embellir encore ses logemens de White Hall, s'il veut pousser à bout la résolution qu'il a faite, de faire crever Monsieur Villiers. Je connoissois autrefois une autre maniere de *crever*, qui venoit réglément au mois de Septembre. Les Figues, les Melons, les Pêches, les Muscats, les Cailles, les Perdreaux devenoient les maîtres du goût; & le goût, de la sobrieté; ensorte que le mois de Septembre arrivant, on disoit : *voici le temps où il faut crever*. Prenez garde de vous crever d'eaux, Madame : de toutes les manieres de crever, c'est la plus mauvaise. Votre maison de Saint-James, vulgairement nommée par vos Courtisans, *le petit Palais*, sera une merveille : il n'y a rien de si propre. Vous aurez bien-tôt Madame Fitzharding & Mademoiselle de Beverweert : quand Madame la Duchesse Mazarin & ses deux amies seront ensemble, je défie les trois Royaumes de fournir rien de pareil. S'il vient un petit Tailleur & que l'argent ne manque pas, le plaisir des Anges de Madame de Choisi n'étoit rien au prix du vôtre.

A MADAME LA DUCHESSE MAZARIN.

STANCES IRREGULIERES.

Vous ne savez que trop, Hortense,
Que je vous sers sans récompense,
Peut-être ne savez-vous pas
Ce que je pers, en servant vos appas.

Sans vous, une lente vieillesse
Me donneroit l'air de sagesse ;
Sans vous, le fardeau de mes ans
Sembleroit le poids du bon sens.

Parlant des affaires publiques
Avec de graves politiques,
Quelque vieil exemple apporté,
Quelques articles d'un Traité,
Une Maxime, une Sentence,
Me tiendroient lieu de suffisance.

*

Sans vous, mû d'un esprit divin,
Sur les traces de Van Beuning,
Moins fort en raison qu'en génie,

J'irois dans la Philosophie
Chercher cette Immortalité
Qu'il prouve par la Volonté.

※

Sans vous, en homme d'importance,
Banni, pour sa vertu, de France,
Je parlerois de probité
Avec un ton d'autorité.

※

Des gens d'honneur j'aurois le titre,
Je m'érigerois en arbitre ;
Et de tous nos François errans
J'accorderois les différends.

※

Sans vous, voilà mon avantage :
Avec vous, voici mon partage ;
J'ai voulu devenir Amant,
On me veut Ami seulement :
Ami, traité d'une maniere,
Quelquefois douce & familiere ;
Mais indignement rebuté
S'il prend la moindre liberté.

※

Au secours, Lot, *à ma défense.*
Lot, qui veille en Dragon, s'avance,
Et me dit, la févére Lot :
» Mangez vos barbes de Turbot.
» Vraiment il sied bien à votre âge
» D'être touché d'un beau Visage

» Allez, allez, c'est bien a vous
» D'aimer des Gorges & des Cous.

❋

Cependant la sévere baise
Les Yeux & la Bouche à son aise ;
Et collée à vos doux appas,
Demande en soupirant si vous ne l'aimez pas.

❋

Laissons la pudique tendresse,
De notre nouvelle Lucrece,
Et parlons un peu des mépris
Que m'attirent mes cheveux gris.

❋

Je suis pour vous rendre service,
En affection sans égal ;
Il n'est ordre où je n'obéisse,
Fût-il en faveur d'un rival.

❋

Belle Hortence, si je vous quitte,
Vous connoîtriez mon mérite :
La charge de tout endurer,
Sans qu'on entende murmurer ;
Fâcheuse, difficile à faire,
Et chez vous assez nécessaire ;
Cette charge, si je la rens,
Ne se remplira de long-temps.

❋

Qui feroit tant de personnages ?
Qui feroit bon à tant d'usages ?

DE SAINT-EVREMOND. 289

Qui porteroit le petit Chien,
Comme en carrosse le vieux Sage
Que nous a dépeint Lucien,
Le portoit toujours au voyage ?

Quand le Calabrois à son rang
Vous met les Echets dans la tête,
Quelle autre main est si-tôt prête
A vous pousser le Pionblanc ?

Et lorsqu'un saint remors vous frappe ;
Que l'humeur de dévotion
Pour un peu de temps vous attrappe ;
Qui sert votre Conversion,
Et vous lit un mort de la Trape (1),
Avec tant de soumission ?

Cependant grondeuse & farouche,
Vous employez la belle bouche,
Qui me doit ses meilleures dents,
A m'insulter devant les gens.

Sur le point de perdre la vie,
Ne vous ai-je pas garantie
De ces honnêtes assassins
Que l'on appelle *Médecins*.

J'en attendois la récompense,

(1) Voyez ci dessus, page 14.

Et je voi pour reconnoissance,
Qu'on soupçonne ma bonne foi,
Qu'on juge toujours contre moi.

A l'Hombre je prens le Spadille,
Je me donne Baste, ou Manille :
Au Piquet je marque les As,
Moi, malheureux qui ne vois pas :
Qui des mains ai perdu l'usage
Par la caducité de l âge :
Toujours distrait ou négligent ;
Moi, qui pers toujours mon argent.

Seigneur, Seigneur, donne-moi patience,
Qu'on a de mal à servir Dame Hortence (1) ;
Mais si je m'éloignois de ses divins appas,
Que faire ! Comment vivre, en ne la voyant pas ?

(1) Imitation de cette Epigramme de Marot.

   Un gros Prieur son petit fils baisoit,
   Et mignardoit au matin en sa couche :
   Tandis vêtir sa perdrix en faisoit :
   Se lève, crache, esmeutit, & se mouche,
   La perdrix vire : Au sel de breque en bouche
   La dévora, bien savoit la sricote
   Puis quand il eut prins sur sa conscience
   Broc de vin blanc, du meilleur qu'on eusse :
   Mon Dieu, dit-il, donne-moi patience,
   Qu'on ha de maux pour servir sainte Eglise !

Les Oeuvres de Clément Marot, page 230, de l'édition de Lyon
par Guillaume Rouille, 1563.

Lorsqu'il me faut souffrir l'aigreur d'une parole,
La bouche qui la dit me plaît & me console;
De ses fiers traitemens, le plus injurieux,
Me semble une douceur quand je vois ses beaux
    yeux.
Ses regards animés du feu de la colére,
Ont l'ordre de fâcher, & le secret de plaire:
Car le Ciel favorable a fait de ses beautés,
Un reméde aux Amans contre ses cruautés.

Le plus grand des malheurs est celui de l'absence;
On garde ses rigueurs, en perdant sa présence:
On emporte l'injure, & le cœur affligé
Par le plaisir des yeux n'est jamais soulagé.

Au milieu des chagrins, des soupçons, des allar-
    mes,
Il n'a soulagement que celui de ses larmes:
Pleurer le mal qu'il souffre, & regretter son bien,
De ce cœur malheureux est l'unique entretien.

A tort je me plaindrois de la voir inhumaine:
Je la vois; c'est assez pour supporter ma peine:
Absens infortunés, je connois vos douleurs:
C'est à vous plus qu'à moi de répandre des pleurs.

A LA MESME,

POUR ETRENNES

LE PREMIER JOUR DE L'AN.

LA Nature inéxorable
Ne laissé à des gens si vieux
Aucun trait qui soit aimable,
Rien qui plaise à de beaux yeux;
La Fortune assez semblable
N'a laissé dans mon pouvoir
Aucun bien considérable
Que vous puissiez recevoir.
Si ma Muse avoit la puissance,
Que les Muses de Grece ont fait voir autrefois;
Je ferois une guerre, où les Dieux, pour Hortence,
Combattroient à l'envi des Héros & des Rois,
Mercure plus leger qu'Eole,
Fendroit les airs, tout glorieux
De vous porter une parole
De la part du Maitre des Dieux;
Et lorsque Jupiter s'ennuye
Avec l'importune Junon,
Je le ferois sur vous descendre en cette pluye

Dont vous ne connoissez presque plus que le
nom.
Le Ciel qui prit plaisir à vous former si belle
Oublia la faveur de vous rendre immortelle;
Erigée en Divinité,
Vous joüiriez par moi de l'immortalité.
Mais aujourd'hui la pauvre Muse
Aprés avoir fait tous les Dieux
Ne parle qu'en tremblant des Cieux :
Humble & rampante elle s'amuse
A discourir sur les Hameaux,
Les Bergeres, & les Troupeaux :
Que cela me serve d'excuse,
Si vous n'avez rien que le Don
D'une Chanson.

LETTRE
A MONSIEUR ***,
SOUS LE NOM
DE MADAME
MAZARIN.

JE n'ai pas assez de considération dans le monde, pour me croire obligée à lui rendre compte de mes affaires ; mais je suis assez reconnoissante de la part que vous prenez à mes intérêts, pour vouloir contenter votre curiosité sur la condition où je me trouve. Je crains seulement que la longueur de ma Lettre ne vous importune ; car je ne prétens pas vous instruire de l'état où je suis, sans vous faire souvenir en beaucoup d'endroits de celui où j'ai été. Je ne parlerai point des avantages que j'avois, par modestie ; je me tairai des qualités de Monsieur Mazarin, par discrétion : mais laissant au public à faire le jugement de nos personnes, je dirai hardiment que je n'ai contribué en rien à la dissipation des biens que je lui ai apportés ; & que les moindres de ses domestiques en ont tiré de quoi s'enrichir, quand il m'a dénié les choses nécessaires simplement pour vivre.

J'ai demeuré plus que je ne devois, & aussi long-temps que j'ai pû, avec un mari qui m'étoit si opposé : à la fin je me suis dégagée par raison, d'un homme avec qui je m'étois laissée lier par obéissance. Un dégagement si juste m'a coûté ces biens qui ont fait tant de bruit dans le monde : mais la liberté ne coûte jamais trop cher à qui se délivre de la tirannie. Quoiqu'il en soit, je me vis dépouillée de toutes choses. Je me vis sans aucun moyen de subsister, jusqu'à ce que le Roi, par un principe de justice, me fit donner une pension sans le consentement de Monsieur Mazarin, que Monsieur Mazarin m'a ôtée il y a dix ans, avec le consentement de Sa Majesté. Ce changement des bontés du Roi ne doit point s'attribuer à celui de ma conduite; car je n'ai jamais entré en rien qui pût lui déplaire. Mais il est difficile aux plus grands Rois de bien démêler l'imposture des méchans offices, d'avec les vérités dont il est besoin qu'on les informe. La raison feroit trop de violence à notre inclination & à notre humeur, s'il falloit toujours nous défier de ceux que nous aimons, ou qui nous plaisent; & naturellement on ne se donne point la géne de ces précautions-là contre des personnes agréables, pour des indifférentes qu'on ne voit pas. Ainsi je ne m'étonne point que l'on m'ait crûe telle qu'on m'a dépeinte : le Roi eût été assez juste pour augmenter la Pension qu'on m'a ôtée, si j'avois été assez heureuse pour être connue de lui telle que je suis.

Cependant malgré ce retranchement & toutes les dettes qui en sont venues, je ne laissois pas de subsister honorablement, par les graces & les bienfaits des Rois d'Angleterre : mais à cette révolution extraordinaire, qui fera l'étonnement de tous les temps, je me suis vûe abandonnée; réduite à ne chercher de ressource qu'en moi-méme où je n'en trouvois point; exposée à la fureur de la populace ; sans commerce qu'avec des gens également étonnés, qui tâchoient de s'assûrer les uns les autres ; ou avec des malheureux, moins propres à se consoler, qu'à se plaindre ensemble. Après tant de troubles, la tranquillité enfin s'est rétablie : mais les désordres cessés ne m'ont rendu l'esprit plus libre, que pour mieux voir la désolation de mes affaires. Nul bien de moi ; nulle assistance où je suis : nulle espérance d'ailleurs ; ne recevant du peu d'amis que j'ai où vous êtes, que des complimens au lieu de secours, & de tous les autres que des injures, pour être demeurée dans un lieu, d'où je ne sai comment sortir, voyant moins encore où pouvoir aller.

Jusqu'ici on a condamné les fautes, & plaint les malheurs : je fais changer toutes choses ; la misere, ce triste ouvrage de ma fortune, me donne des ennemis, excite l'aigreur & l'animosité de ceux qui me dévoient être le plus favorables. Je n'exagére point le malheur de ma condition, à quoi je suis d'autant plus sensible, que je reçois des reproches, quand j'attendois des consolations. Vous êtes assez raisonnable, Monsieur, pour n'approuver pas un procédé si injuste ; & assez constant dans l'amitié, pour me conserver toujours la vôtre. Si elle n'est pas secourable autant que vous le fouhaitez, elle eſt auſſi honnête que je le faurois defirer. Mon étoile me fait trouver de la bonne volonté, où il y a de l'impuiſſance ; & de l'oppoſition, où ſe rencontre le pouvoir : mais enfin la malignité de l'influence n'eſt pas entiére, puiſque dans les infortunes qu'elle me cauſe, elle me laiſſe des amis, qui font leur poſſible pour me conſoler.

A MADAME LA DUCHESSE MAZARIN.

Vous qui penſez que la Nature
A fait toutes choſes pour vous,
Préſomptueuſe Créature,
Apprenez que vous-même êtes faite pour nous.
Ce qu'a l'Univers d'admirable
Nous prête un ſecours charitable ;
Ce qu'ont formé les Dieux avec le plus de ſoin
Sert à notre plaiſir comme à notre beſoin.
Le ſoleil au matin entre dans ſa carriere
Pour épancher ſur tout la commune lumiére,
Et l'aimable clarté que répandent ſes feux
N'attend pour ſe donner ni prieres, ni vœux,
La Terre avec amour expoſe à notre vûe
Les appas renaiſſans dont le ciel l'a pourvûe ;

Elle donne ses fleurs pour le plaisir des yeux,
Elle fournit au goût ses fruits délicieux.
La Mer, par le commerce, aux lieux les plus sté-
    riles
Communique les biens qu'ont les terres fertiles ;
Et servant de lien aux peuples opposés,
Sait comme réunir ceux qu'elle a divisés.
D'une belle Riviere on aime un cours paisible ;
  Les fiers Torrens précipités,
  Font de leurs sauvages beautés,
Un aspect à nos yeux agréable & terrible.
  Les Fontaines & les Ruisseaux
Coulent pour nous offrir le cryſtal de leurs eaux ;
Les amoureux Zéphirs, de leurs douces haleines,
Temperent la chaleur qui brûleroit nos plaines :
  Enfin tout donne en l'Univers ;
  Il n'est pas jusques aux Hyvers
  Dont nous ne recevions des graces ;
  C'est d'eux que nous tenons les glaces,
  Qui font dans l'ardeur de l'été
  La plus exquise volupté.
  Et vous, que le Ciel a formée
  Pour faire le bonheur de tous,
  On vous voit toujours animée
  De chagrins, dépits, & courroux.
  Ingrate, injuste créature,
  Vous tenez tout de la Nature,
  Tout votre esprit, tous vos appas :
  Qui vous rend à ses Loix contraire ?

Pourquoi ne l'imitez-vous pas
Aux faveurs qu'elle nous fait faire ?

Sur le commencement de la Guerre de M. DC. LXXXIX.

D'INTERETS différens l'Union mal for-
 mée,
N'amaſſoit autrefois qu'une confuſe Armée,
Qui trop lente à la marche & trop vaſte au deſſein,
Vouloit paſſer la Seine, & demeuroit au Rhein,
Mais d'un Roi (1) tout contraire aux intérêts de
 France
La vertu, la valeur, la nouvelle puiſſance ;
Des Etats rétablis par une longue paix,
Une pleine abondance à ne manquer jamais :
De l'Eſpagne outragée & pas aſſez ſoumiſe,
L'eſpoir d'une reſſource où tout la favoriſe,
Des Princes de l'Empire : & de chaque Electeur
La jonction ſincere avec leur Empereur ;
Du Saint Pere irrité la haine Catholique,
Du Huguenot chaſſé ſous le nom d'Hérétique
Le ſoin infatigable à nuire, à ſe venger ;
Des nouveaux convertis que l'on a fait changer
L'impatient deſir d'échapper à la feinte
Qui gêne leur eſprit, & tient leur foi contrainte :
Enfin de cet amas d'intérêts différens,

(1) GUILLAUME III. Roi d'Angleterre.

De toutes passions en des motifs si grands,
De craintes, de soupçons, de haine, de vengeance,
Se font comme des nœuds qui serrent l'Alliance ;
Et ces engagemens nous font voir l'appareil
Le plus grand qui jamais parut sous le soleil.
Dans cet affreux état ou la France est réduite
On lui trouve pourtant & vigueur & conduite :
Elle arme, elle prévient, elle fait animer
Et ses forces de terre, & ses forces de mer,
Et n'étoit qu'elle a vû les tristes funérailles
De ceux qui lui faisoient gagner tant de batailles :
N'étoit que ces grands Chefs aujourd'hui ne sont plus,
Son Char pourroit traîner encore des vaincus.
Pour son malheur Turenne a perdu la lumiére :
Condé, notre Héros, n'a plus de part au jour ;
Créqui, vient d'achever son illustre carriére ;
Si Schomberg vit encor, c'est pour une autre Cour.
  Par leur valeur, par leur prudence,
  L'Etat florissant de la France
  Ne craignoit point les changemens ;
  Il ne craignoit disgrace aucune ;
  Mais par leur perte la Fortune
Va rentrer dans ses droits sur les évenemens.
Il n'a tenu qu'à toi de conquérir le monde,
France, ou de l'asservir dans une paix profonde ;
Oui, par un plan nouveau de ton ambition,

Tu pourrois difpofer de chaque Nation.
Tous ces Conféderés que l'Espagne intéresse
Défunis, & rendus à leur propre foiblesse,
Iroient dans tes Etats chercher leurs sûretés,
Ou presser un secours à leurs nécessités.
Sous le nom d'Allié, l'un seroit tributaire :
L'autre, prêt à servir, ou soigneux de te plaire ;
Les premiers Potentats, éloignés courtisans,
Flateroient ta Grandeur par respects & présens.
Il n'a tenu qu'à toi de conquérir le monde,
France, ou de l'asservir dans une paix profonde.

LETTRE
A MADAME LA DUCHESSE
MAZARIN.

J'ENVOYE savoir comment vous vous portez de votre blessure (1) : pour moi, je me porte fort bien de toutes mes pertes. Le souper de Madame Harvey, le Pâté Royal, & la mélancolie de la dolente Boufette, mirent mon esprit dans une assez bonne situation. La nuit a été encore plus heureuse : j'ai crû être Mademoiselle de Beverweert toute cette nuit. J'avois une

(1) Madame Mazarin s'étoit blessée à la cuisse, en tombant.

grande complaisance de mon mérite d'honnête & de raisonnable fille ; mais votre confiance faisoit le plus doux avantage de mon nouveau sexe. Vous m'avez montré votre blessure. Passons légerement tout ce que j'ai vû : j'ai autant de sujet de me louer de vous, comme Beverweert, que j'en ai de me plaindre, comme Saint-Evremond. Heureux les sujets de n'avoir pas connu le danger qu'il y avoit à votre blessure ! Leur appréhension les auroit fait mourir, & nous ne serions pas en état de nous réjouir de votre guérison. Notre perte n'est pas seulement attachée à la vôtre, une maladie dont vous guérirez, est capable de donner véritablement la mort à tous les sujets de votre Empire.

  Si du Ciel le courroux fatal
Faisoit durer encor quelques jours votre mal,
   Les sujets auroient tant de peine
   A voir souffrir leur belle Reine,
   Que chacun d'eux pourroit mourir,
   Avant que vous pussiez guérir.
  Je perdrois le premier la vie,
Et de cent autres morts ma mort seroit suivie :
   Votre chere & fidéle Lot
   Suivroit ma disgrace bien-tôt ;
   Vous la verriez avec des larmes
   Prendre congé de tous vos charmes,
   Et faire ses derniers adieux

Baisant votre bouche & vos yeux.
» Adieu, je meurs. Adieu, Madame :
» Vous possédiez mon cœur, je vous laisse mon
   » ame,
   » Et trouve mon sort assez doux,
   » Puisque je meurs à vos genoux.
   » Croyez que jamais la Comtesse....
   » La voix me manque, & je vous laisse :
» Que le dernier soupir, qui va m'ôter le jour,
» Est bien moins à la mort qu'il n'est à mon
   » amour !
   C'est ainsi que la VICE-REINE,
   Meurt aux pieds de sa SOUVERAINE :
   Jamais rien ne la sut charmer,
Mais on trouve à la fin, qu'on est fait pour ai-
   mer,
   Et toute son indifférence,
   Devient amour sans qu'elle y pense.
La Beverweert en prose, & Beverweert en vers,
   N'ont pas des sentimens divers ;
Celle de cette nuit, qui vous parloit en prose,
Pourroit dire en mourant toute la même chose;
   Si jamais vous vous portez mal,
Je meurs, & je vous fais un discours tout égal.
   Madame Harvey pleine d'impatience,
   De vous voir en cet état-là,
   Maudiroit jusques à la France,
Et pourroit détester même les Opera.
   Je voi la douleur qui surmonte,

Un sujet illustre, grand Comte (1);
Duras, Mylord impétueux,
S'en arracheroit les cheveux;
Et, chose incroyable à l'Histoire,
Ne voudroit ni manger, ni boire,
Suspendant tout son appétit
Pour un accident si maudit.
Il pourroit arriver que maligne Bousette,
D'un sentiment commun avecque votre Epoux,
Auroit de tous vos maux l'ame assez satisfaite;
Au nom de Dieu, conservez-vous.

Comme je dois mourir le premier, je veux ordonner nettement de ma sépulture, pour ne pas tomber dans l'inconvénient de Monsieur Doublet, & épargner la peine à Patru de faire un second Plaidoyer, si un Pasteur aussi attaché à ses droits que le Curé de Saint-Etienne, faisoit un Arrêt sur mon pauvre corps (2). Pour prévenir donc pareils accidens, je déclare en termes exprès que je veux être enterré dans la Tente de Mylord Roscommon (3). Il me souvient d'avoir été à la guerre, & je serai bien aise que mon tombeau ait un air militaire. Mais

---

(1) Le Comte de Féversham.
(2) Voyez le Plaidoyer de M. Patru pour la Veuve & les Enfans de Doublet, &c.
(3) Mylord Roscommon, Colonel d'Infanterie, devant passer en Irlande avec son Régiment, avoit fait tendre sa Tente dans le Parc de Saint James, assez près de la Maison de Madame Mazarin, qu'on appelloit le Petit Palais.

DE SAINT-EVREMOND.

ce n'est pas la premiere & la véritable raison qui m'oblige à choisir ce lieu-là; c'est pour être en vûe du *petit Palais*; & toutes les fois qu'on y jouera, la REINE est suppliée de dire les Vers qui suivent, & que j'ai composés comme une espéce d'Epitaphe :

    » Celui dont nous plaignons le sort,
  » N'a pas dû voir la gloire de l'Olympe;
    » Mais je pense qu'après sa mort
» Il ne souffre pas tant, comme il souffroit à Grimpe,
» Lorsque Duras & moi lui faisions tant de tort.
    » Je lui faisois mille injustices,
    » Je lui faisois mille malices,
    » Et, malgré tout ce grand tourment,
    » Il perdoit assez noblement.
» S'il ne me plaisoit pas, il tâchoit de me plaire;
    » Que la Tombe lui soit légere !
    » Je souhaite que ses vieux os,
    » Trouvent un assez bon repos.

Si je ne vous demande pas davantage durant ma vie, que je vous demande à la mort, vous n'aurez pas sujet de vous plaindre de mon indiscrétion.

A MONSIEUR LE MARQUIS
DE MIREMONT.

STANCES IRREGULIERES.

ILLUSTRE & nouveau Machabée,
Qui de ton Eglise tombée
Veux être le restaurateur :
Miremont, dans ton entreprise (1),
Prend ce beau mot pour ta devise ;
OU MARTYR, OU LIBERATEUR.
L'Euphrate n'a point vu tant de meres captives,
Tant de femmes, tant de maris,
Verser des pleurs, pousser des cris,
Qu'en voit le Gigeou (2) sur ses rives.

A Londres tes sujets tout le jour dispersés,
Se trouvent le matin au Caffé ramassés,
Où chacun à son tour t'adresse la parole :
» Ferme pilier de notre Foi,

---

(1) M. de Miremont devoit aller en Piémont avec quelques Régimens de François Réfugiés, pour joindre les Vaudois & entrer en France.

(2) Ruisseau, qui passe autour du Château de la Caze, appartenant à M. le Marquis de Malauze, frere de M. de Miremont.

"" PRINCE, dont l'aspect nous console,
"" PRINCE, nous n'espérons qu'en toi.

Espérance des Grecs (1), honneur de la Savoye (2),
Ton peuple marchera sur tes pas avec joie :
Pour l'accomplissement de ta prédiction (3).
Ta Sainte Nation depuis long-temps errante
Sur les bords du Gigeou se verra triomphante,
Et chantera sous toi la gloire de SION.

AU MESME (4).

STANCES.

MIREMONT qui savez combattre
Aussi-bien que faire des Vers,
Vous allez sûrement abattre
Tous les Dragons de l'Univers.

Jeune Prince, marche, cours, vole,

---

(1) Eglise à Londres où l'on avoit d'abord fait le Service Grec, & qui appartient présentement aux François Refugiés.
(2) Autre Eglise Françoise dans le Palais de la Savoye.

(3) Les PROPHETIES de M. Jurieu.
(4) Quelqu'un ayant fait une Réponse aux Stances precedentes, M. de Saint Evremond crut qu'elle étoit de M. de Miremont, & lui envoya ces Vers.

On entend déja le coucou ;
Il est temps de tenir parole
Aux pauvres Captifs du Gigeou.

❊

Mais ne me parle point de faire
 Des Vers qui chantent tes exploits ;
 Tu seras l'Achille & l'Homere,
De Mars & d'Apollon digne Fils à la fois.

A CALISTE (1).

SŒUR Thérese l'illuminée
Eut peine à se sauver d'un jugement honteux,
Après avoir été trois fois examinée (2).
 Ce nom est un nom malheureux ;
 Sœur Thérese la détrônée
 Eut un accident bien fâcheux (3) :
 Mais n'en soyez pas étonnée,
 Ne craignez jamais le malheur
 Qu'éprouva cette pauvre Sœur.
Non, vos moindres appas méritent la louange
De ne laisser jamais la liberté du change :
Cet excès de plaisir, ce grand ravissement,
N'auroit pû se trouver qu'avec vous seulement,
 Mais notre premiere Thérese

(1) Madame Mazarin.
(2) Voyez la Vie de sainte Thérese.
(3) Voyez le Tableau, dans les CONTES de la Fontaine.

Vous mettroit fort mal à votre aise,
Si son exemple décevant
Vous jettoit en quelque Couvent ?
Craignez donc qu'une sainte rate
En vos quiétes oraisons,
De quelque vapeur délicate,
Ne forme en votre esprit beaucoup d'illusions.

※

Une troupe d'YNCAS (1) en ces lieux assemblée,
Demande incessamment où vous êtes allée ;
Ces enfans du Soleil, de leurs riches Palais,
De tout l'or qu'ils eurent jamais,
Ne vous offriroient pas une inutile image,
Si l'avare Espagnol eût laissé davantage.
Pour les désolés AMADIS
Que vous avez aimés jadis,
Ils viennent les yeux pleins de larmes
Vous offrir leurs anciens charmes ;
Les Captifs vous portent leurs fers,
Dans les combats on vous réclame ;
L'on vous offre par moi la *Tour de l'Univers* (2).
Logement aussi beau que le *Château de l'ame* (3) ;
Mais vous aimez le saint repos,
Dont jouissent tous les Dévots :

---

(1) Madame Mazarin avoit lû peu de temps auparavant l'HISTOIRE DES YNCAS DU PEROU, de Garcilasso de la Vega ; elle étoit charmée de la magnificence de ces Princes, & en parloit fort souvent.

(2) Voyez ci-dessus, page 71.

(3) Voyez les MEDITATIONS de sainte Thérèse.

» Eh ! n'avons-nous pas nos Hermites,
Répond le pieux Amadis,
» Plus simples que ces Hypocrites
» Qui parlent tant du Paradis ?

CALISTE.

Chevaliers, je vous remercie.
Depuis que Sœur Thérèse a pris soin de ma vie,
J'abandonne vos Visions
Pour ses divines Unions.
J'aimai le merveilleux des Yncas, des Yncases,
Aujourd'hui je me tourne à celui des Extases :
Sœur Thérèse m'apprend comment elles se font,
Pour en montrer à Miremont.

LETTRE
À MADAME LA DUCHESSE
MAZARIN.

Vous vous souvenez, Madame, du méchant & honteux succès de mon dessein, lorsque je cherchai inutilement quelque défaut en votre esprit (1). Plus fâché que rebuté de mon entreprise, je me suis attaché à votre humeur. Mademoiselle

---

(1) Voyez le *Portrait* de Madame Mazarin, Tome IV, page 258.

Bragelonne (1), & Monsieur de Miremont se sont jettés dans mes intérêts contre elle ; mais Monsieur de Miremont a eu tort : la qualité de PRINCE-COLONEL, & les extases étudiées en sa faveur, devoient l'empêcher de prendre parti si impétueusement pour les Habitans du Gigeou. Mademoiselle Bragelonne est née pour souffrir : si je suis rebuté aujourd'hui, je serai bien traité demain ; & cette inégalité est assez obligeante pour une vieillesse comme la mienne, qu'on pourroit, avec raison, mépriser toujours. Il m'a donc fallu laisser l'humeur en repos, l'abandonnant à l'injustice de Monsieur de Miremont, & aux larmes de Mademoiselle Bragelonne. Mais il n'y a rien dont la persévérance ne vienne à bout : j'ai tourné ma curiosité chagrine, sur votre goût pour le chant, & j'ai trouvé heureusement de quoi vérifier le Proverbe, qu'il *n'y a rien de parfait en ce monde*. Vous l'allez voir, Madame, dans les Vers que je vous envoye ; & j'espére que vous ne voudrez pas démentir une sentence établie & autorisée depuis si long-temps.

> Vous êtes la Reine des belles,
> La Reine des spirituelles ;
> Mais sur votre goût pour le Chant
> Nous ne vous admirons pas tant.

(1) Demoiselle de Madame Mazarin.

L'expreſſion avec juſteſſe,
Qui n'a dureté, ni molleſſe ;
La manière, la propreté,
Temps, mouvement, & quantité :
Toute ſyllabe longue, breve ;
Connoître avec diſcernement,
Et prononcer diverſement
Le ſens qui commence ou s'acheve ;
Tout cela ne fait rien pour vous,
Et vous avez pitié de nous.
» O la choſe mélancolique
» Qu'un Opera toujours unique,
» Où l'on voit ce couple éternel,
» Rochoüas & Beaumaviel !
» Point de jeunes gens, point de belles ;
» Et moins encor de voix nouvelles !
» A Veniſe rien n'eſt égal :
» Sept Opera le carnaval ;
» Et la merveille, l'excellence,
» Point de Chœurs & jamais de Danſe :
» Dans les maiſons, ſouvent Concert,
» Où tout ſe chante à livre ouvert.
O vous, Chantres fameux, grands Maîtres d'Italie,
Qui de ce livre ouvert faites votre folie,
Apprenez que vos Chants pour leur perfection
Demanderoient un peu de répétition !
Si vous n'entaſſiez point paſſage ſur paſſage ;
A chanter proprement ſi vous donniez vos ſoins ;

Les

Les méchans connoisseurs vous admireroient moins,
Mais aux gens de bon goût vous plairiez davan-
    tage.
    Suprême, divine beauté,
    Dont tout le monde est enchanté ;
    Profond savoir, esprit sublime,
    Qu'en mes Vers à peine j'exprime,
    Permettez-nous que sur le Chant
    Nous ne vous admirions pas tant.

A M. VILLIERS.

BANNISSONS toute viande noire,
N'en souffrons plus à nos repas,
Hors deux à qui l'on doit la gloire
De plaire à tous les délicats,
Venez, ornement des cuisines,
  Oiseaux qu'on ne peut trop aimer ;
Allouetes & Beccassines,
Est-il besoin de vous nommer ?
J'entens comme un secret murmure
De nos Huîtres de Colchester,
Qui pensent qu'on leur fait injure
De leur vouloir rien contester.
Cette massive couverture
Qui les fait par tout arrêter,
Cette maison pesante & dure

Où nous les voyons habiter,
N'a pas si-tôt une ouverture,
Qu'en mérite de goût on leur voit surmonter
Toute volante créature,
Tout gibier, tout ragoût, tout ce que peut vanter
Le célèbre inventeur du Tombeau d'Epicure (1).
Huîtres, vous l'avez emporté;
Les Truffes seulement seront plus estimées;
Mais ici vous serez nommées
Les premieres dans mon Traité.
Ce n'est point de l'Astronomie
Que je traite en observateur;
Ce n'est point de Philosophie
En Cartésien professeur;
Moins encor en Théologie,
Ou de Médecine en docteur;
La *gourmande Géographie*,
Dont je suis comme l'inventeur,
Est l'ouvrage que j'étudie :
Il a besoin d'un Protecteur,
Monsieur de Villiers, je vous prie,
De favoriser son Auteur.

(1) Nom d'un Ragoût inventé en France.

AU MESME.

ROMAINS, nos Huîtres feroient honte
A vos Huîtres du Lac Lucrin ;
Pétrone en tenoit trop de compte
D'en faire l'honneur d'un Festin :
Il ne les auroit pas souffertes
S'il avoit pû manger des vertes,
Qu'on mange ici soir & matin.
Ces modernes tant estimées,
A qui, dit-on, rien n'est égal,
Que Venise tient enfermées
Chérement dans son arsenal ;
Ce sont des Huîtres à l'écaille
Qu'on pourroit crier dans Paris ;
(Paris n'en a point qui les vaille)
Mais Londres les verroit avec un grand mépris.

L'heureux séjour, l'heureuse terre,
Que vous seriez, chere Angleterre,
Si vous aimiez votre Poisson
Autant que votre Venaison !
Par mes Vers, Reine de toute Isle,
Vous commanderiez la Sicile,
L'Archipel dépendroit de vous,
Candie auroit à vos genoux

La posture de suppliante ;
Chipre seroit votre suivante :
Par moi du Levant au Ponent
Tout ce qui n'est pas continent
Vous rendroit humblement hommage ;
Et vous perdez tant d'avantage
Pour n'avoir chassé de chez vous
Les Daims, aussi-bien que les Loups.

SCENE DE BASSETTE.

MADAME MAZARIN, MADAME MIDDLETON, MONSIEUR VILLIERS, MONSIEUR BOWCHER.

MADAME MAZARIN à *Madame Middleton.*

UNISSONS nos malheurs ; unissons-nous, Bergere,
Et ne pouvant gagner, au moins ne perdons guére.
Va Trois :

   M. BOWCHER.
  Trois a gagné.
   Me. MAZARIN.
    Payez.

Me. MIDDLETON.

Faites Alpiu :
Je dois beaucoup, Madame, & j'ai beaucoup perdu :
Je voudrois bien gagner de quoi payer mes dettes ;
Mais comment l'espérer jouant comme vous faites ?
Dans le plus grand bonheur vous ne poussez jamais ;
Votre dernier effort est de faire la paix.

Me. MAZARIN.

Quoi ! perdre tout d'un coup, pour avoir la misere
De demeurer après tout le soir sans rien faire !

Me. MIDDLETON.

Madame, je vous prie, encore sur le Trois.

Me. MAZARIN.

Sur le Trois.

M. BOWCHER.

Le Trois perd.

Me. MAZARIN à *Madame Middleton.*

Ce sont-là de vos choix.
Mustapha (1), donnez-moi quelque carte bien sûre.

Me. MIDDLETON.

Mettez sur le Valet ; il gagnera, j'en jure.

(1) Petit Turc de Madame Mazarin.

M. BOUCHER.

La Face.

M. MAZARIN.
Nous ay... ...
Le beau Valet de ...!

M. MIDDLETON.
I... ...ment facé.

M. MAZARIN.
Vou... ...
Le q... ...

M. MIDDLETON.
Je ne puis ... ... la mettre en cour-
 rous :
O I... ... ... que ... ...
 ... ... ?
Dites-... ... ... vous semble le plus
 ... ...
De M... ... ... quelle ?

M. VILLIERS.
Commencez ... ... Madame Middleton,
Votre ... ... Madame ... Grafton.

M. MIDDLETON.
De deux doigts seulement faites-la moi plus
 grande,
Il faut qu'à sa beauté toute beauté se rende.

M. VILLIERS.
L'autre n'a pas besoin de cette faveur-là.

M. MIDDLETON.
Elle est grande, elle est droite.

DE SAINT-EVREMOND.

M. VILLIERS.

Eh bien, après cela!

Me. MIDDLETON.

Madame Lichfield un peu plus animée,
De tous ceux qu'elle voit, se verroit fort aimée.

M. VILLIERS.

Vous ne me parlez point de Madame Kildair?

Me. MIDDLETON.

I never saw personne avoir un meilleur air.

M. VILLIERS.

Votre Mistriss Masson, autrefois si prônée,
Me semble maintenant assez abandonnée;
Je ne vous entens plus parler de ses appas?

Me. MIDDLETON.

Monsieur Villiers, *indeed* elle n'en manque pas;
Je ne l'ai jamais crûe une beauté parfaite....
Mais allons voir comment va la Bassette.

Me. MAZARIN.

Vos beaux discours d'appas, de grace, de beauté,
Nous coûtent notre argent: il ne m'est rien resté,
Cherchez d'autres moitiés, comme d'autres oreilles,
Pour pétarder l'Anglois sur toutes vos merveilles:
Et vous, Monsieur Villiers, gardez pour d'autres gens,
D'*Honneur* & de *raison* vos rares sentimens (1).

Me. MIDDLETON.

Je ne vous croyois pas tout-à-fait si colère.

(1) Voyez ci-dessus, page 237.

Un discours de beauté ne doit pas vous déplaire ;
Qui, tant que vous, Madame, a de part aux attraits ?

Me. MAZARIN.

Si je le crois ; du moins, je n'en parle jamais.

Me. MIDDLETON.

Nous n'avons pas appris a garder le silence,
Comme vous avez fait, en vos Couvens de
 France,
Monsieur, Monsieur Villiers, allons nous conso-
 ler ;
Il est d'autres maisons où l'on pourra parler.

Me. MAZARIN.

Enseignez-moi, Madame, enseignez-moi l'école
Où je pourrois apprendre à discourir sur rien,
Et passer sans sujet de parole en parole,
A ce mérite usé d'un aimable entretien.

Me. MIDDLETON.

Abandonnons Madame à sa nouvelle Etude,
Pour nous mettre à couvert d'un discours assez
 rude.
Sortons, sortons d'ici ; l'on y tient en prison
La grace & la beauté.

M. VILLIERS.
L'honneur & la raison.

LE CHŒUR en Musique.

Sortons, sortons d'ici, l'on y tient en prison,
La grace, la beauté, l'honneur & la raison.

AU ROI,

SUR SA BLESSURE (1).

STANCES IRREGULIERES.

MARS, ce Dieu renommé qui préside aux allarmes,
Destine les Canons, ses effrayantes armes,
Pour ceux qu'un soin prudent éloigne un peu des coups :
Eh ! comment auroit crû le Dieu de la vaillance,
Qui vous vit approcher avec tant d'assurance ;
Que les coups de canon dûssent être pour vous ?

C'est des piques, & des épées,
De ces armes de sang trempées,
Où vous vous exposez toujours ;
Ces coups tirés tête à tête,
Quand un fier escadron s'arrête,
Qu'il a sû garantir vos jours.

---

(1) Le Roi Guillaume s'étant avancé au bord de la Boyne, le 10. juillet 1690. fut légerement blessé d'un boulet de canon qui lui effleura la peau entre les deux épaules. Cela ne l'empêcha pas de monter à cheval le lendemain, de passer la Riviere, & de battre l'Armée du Roi Jacques.

Je fai bien que des Rois les personnes sacrées,
Peuvent être à couvert prudemment retirées,
Pour donner un bon ordre aux plus preſſans be-
  foins,
Et hâter les secours qu'on attend de leurs soins ;
Mais quelques Rois-Héros, tels qu'on voit dans
  l'Hiſtoire,
Pour dire mieux encor, Rois-Héros comme
  vous,
Ne ménagent pas moins l'intérêt de leur gloire,
Que le falut commun, & le bonheur de tous.

※

En Roi juſte & prudent, vous réglez toute
  choſe,
En Héros, la valeur chaque jour vous expoſe :
Le soleil qui voit tout, jufqu'ici n'a pû voir,
Tant de vertu s'unir avec tant de pouvoir.

※

Ah ! prenez plus de foin d'une ſi belle vie :
Tout combat, tout péril fait votre empreſſement;
Que nous ferions heureux ſi vous n'aviez envie
Que de vous expoſer au canon feulement !
Encor avons-nous fait la trifte expérience,
Que nous n'aurions par-là qu'une foible aſſû-
  rance :
Grand Prince, revenez : notre timide amour
Ne voit de fûreté qu'en votre feul retour.

※

Si d'un faux accident la fâcheuſe nouvelle

Venoit imprudemment occuper nos esprits;
A Londres on verroit plus de douleurs mortelles,
Qu'on n'a vû de transports & de joie à Paris (1).
Quand vous courez hazard, vos dangers sont les
        nôtres;
Devant nos propres maux nous ressentons les
        vôtres !
De ce coup dont le Ciel a voulu vous guérir,
Nous étions plus que vous en état de mourir.

Tant & de si hauts faits fournis à votre Histoire,
Ruineront son crédit chez la postérité :
    Nos neveux ne voudront pas croire
    Une incroyable vérité :
Venez donc, ô grand Roi, jouir de votre gloire,
C'est là votre intérêt & notre sûreté.

(1) Sur la fausse nouvelle qui courut en France de la mort du Roi Guillaume, on en fit à Paris, & à Versailles même, des feux de joye & des réjouissances extraordinaires.

SUR LE PASSAGE
DE LA BOYNE.

STANCES IRREGULIERES.

ANIME' de l'ardeur d'un généreux courage,
A la tête des siens un Roi passe à la nage:
Et tout blessé qu'il est, si-tôt qu'il a passé,
Il charge, rompt, défait; il a tout renversé.

※

Le passage du Leck laisse une foible idée;
Celle du Grand Gustave est à peine gardée;
On ne se souvient plus d'Adolphe, ni du Sund,
Où la glace tremblante a tenu lieu de pont.

※

Le Rhein, trop orgueilleux d'avoir vû son rivage
Tout couvert d'escadrons qui passoient à la nage,
Du combat étonnant dont on vient l'informer,
Porte, triste & confus, la nouvelle à la mer.

※

Qu'on ne me parle point du combat héroïque,
Qu'Alexandre donna sur les bords du Granique;
Qu'on ne me parle point de ce fameux hazard,
Qu'au Port d'Alexandrie a sû courir César:
Toutes vos actions, vieux Maîtres de la Terre;

Cédent aux beaux exploits de ce foudre de Guerre ;
Pour le mieux préférer ajoûtons-y ces mots :
Que l'on rencontre en lui le Sage & le Héros.

Le Grec vain & leger prenoit plaisir à dire
Tout ce qu'il avoit fait : le Romain à l'écrire :
Le Héros a passé tous les deux par ses faits ;
Et modeste Vainqueur, il n'en parle jamais.

Tous deux ont combatu pour asservir le Monde ;
Le malheur du public suivoit tous leurs exploits :
Ici l'on s'est commis sur la terre & sur l'onde,
Pour assûrer le Peuple & maintenir les Loix.

Là, le triste vaincu soupire
De sa dure captivité ;
Ici, l'on a donné l'Empire
A qui donne la Liberté.

DIALOGUE.

SAINT-EVREMOND, MADAME MAZARIN, MADEMOISELLE BEVERWEERT.

SAINT-EVREMOND *à Madame Mazarin.*

Quand j'ai l'honneur de vous voir,
A vos yeux je suis coupable,
Scélérat abominable ;
Rien au monde n'est plus noir.
Mais un jour ou deux d'absence
Me rendent mon innocence,
Et sans me changer en rien
Je deviens homme de bien.
Mes péchés sont au visage,
Aux rides que donne l'âge,
Aux cheveux blancs, aux vieux traits ;
C'est-là que sont mes forfaits.
Vous n'êtes pas éternelle,
Puissiez-vous, comme je suis,
Etre à cent ans criminelle
Sans douleur & sans ennuis !

MADAME MAZARIN.
Quoi ! me donner la figure,

De votre Madame Herval !
C'est me faire trop d'injure ;
La mort est un moindre mal.

SAINT-EVREMOND.

Pourquoi haïr tant l'idée
D'une Vieillesse ridée,
Qu'on préfére le trépas
A la perte des appas ?

MADEMOISELLE BEVERWEERT.

C'est qu'une si longue vie,
Eteint en nous toute envie :
C'est que la fin des Amours
Est au cœur d'une mortelle
Une chose plus cruelle,
Que n'est la fin de ses jours.

SAINT-EVREMOND.

Non, non, l'amoureuse flamme
Ne s'éteint point dans une ame,
La Vieillesse n'ôte pas
Ces mouvemens délicats.
Je le sai, divine Hortence,
Par ma propre expérience,
Je suis au bout de mon cours,
Et je vous aime toujours.

MADAME MAZARIN.

Moi je suis dans le bel âge ;
On le voit à mon visage,
Qui peut bien vous animer ;
Mais je ne puis vous aimer :

Le cœur est prudent & sage :
Si l'esprit vous peut estimer,
Ne demandez rien davantage.

A MADAME LA DUCHESSE
MAZARIN.

APRE'S tant de soins assidus,
Après tant de pleurs répandus
Dans votre grande maladie ;
Madame, je ne croyois pas
Qu'autre chose que le trépas
Me fist perdre l'honneur de votre compagnie.
Mais j'avois peu consideré
Qu'un visage défiguré,
Qu'une générale foiblesse ;
Qu'en un mot l'extrême Vieillesse
Attire des mépris plus fâcheux que l'oubli,
Où tombe un homme enseveli.
Celui, pour chanter vos louanges,
Qui s'est mis mal avec les Anges ;
Celui, pour mettre vos beaux yeux
Au-dessus des Astres des Cieux,
Qui s'exposoit à leurs vengeances
Sans redouter leurs influences :
Celui, qui pour l'amour de vous

S'attira

S'attira de Vénus le céleste courroux,
    Faisant contre cette immortelle
Ce que le beau Pâris fit autrefois pour elle :
      Celui, qui vous servit si bien,
      Est maintenant compté pour rien !
Vous êtes au-dessus des Astres & des Anges,
Qu'avez-vous désormais besoin de ses louanges ?
      On n'a que faire de ses soins ;
    Bon-homme allez garder vos foins (1).
Non, je ne puis garder mes foins à la prairie,
Ni comme Don Quichot faire une Bergerie ;
Je veux faire un métier qui me convienne mieux,
      En m'éloignant de vos beaux yeux.
      J'irai discourir de Science
      Avec le Docte Renaudot (2) ;
      La Bibliothéque s'avance ;
      Et je pourrai m'y voir bien-tôt
      Avec Justel en conférence,
      Examiner le moindre mot.
Dans l'honnête repos d'une si douce étude,
Loin de tout embarras, exempt d'inquiétude,
Sans entendre parler de guerres, ni d'amours,
Je prétens achever le reste de mes jours.
Mais que mal-aisément on peut changer de vie !
A peine ai-je formé ce projet qu'il m'ennuye !
      Revenez, revenez, mépris,
      Que l'on a pour mes cheveux gris :

---

(1) La Fontaine.
(2) Ministre François, réfugié à Londres.

Revenez, humeur qui m'outrage,
Je ne puis me passer des charmes du visage.
Avec Hortence il faut souffrir,
Mais sans Hortence il faut mourir.

Fin du cinquiéme Volume.